现代出版学丛书

传递知识——21世纪的出版业

Communicating Knowledge: Publishing in the 21st Century

[英] 约翰·费瑟 John Feather ◉ 著

张志强 张 瑶 穆 晖 ◉ 译

苏州大学出版社

图书在版编目(CIP)数据
传递知识：21 世纪的出版业/(英)费瑟(Feather,J.)著：张志强，张瑶，穆晖译.
苏州：苏州大学出版社，2007.10
(现代出版学丛书)
书名原文：Communicating Knowledge：Publishing in the 21st Century
ISBN 978-7-81090-886-3

Ⅰ.传…　Ⅱ.①费…②张…③张…④穆…　Ⅲ.出版工作—概况—世界—21 世纪　Ⅳ.G239.1

中国版本图书馆 CIP 数据核字(2007)第 156218 号

著作合同登记号　图字：10-2005-115 号

现代出版学丛书
Contemporary Publication Studies Series

总 策 划
吴培华
策　　划
李寿春

传递知识——21 世纪的出版业
Communicating Knowledge：Publishing in the 21st Century

著
约翰·费瑟
译
张志强　张瑶　穆晖

责任编辑
郑亚楠
出版发行
苏州大学出版社
(苏州市干将东路 200 号　邮编　215021)
印　　刷
丹阳市民生印务有限公司
(丹阳市西门外陵川绿岛南首　邮编　212300)
开本　787mm×960mm　1/16
印张　10.75　**字数** 182 千
版次　2007 年 10 月第 1 版　2007 年 10 月第 1 次印刷
书号　ISBN 978-7-81090-886-3
定价　15.00 元

现代出版学丛书

CONTEMPORARY PUBLICATION STUDIES SERIES

现代出版学丛书

目录
Contents

4 出版过程

5 图书销售

6 信息技术与出版

7 网络环境中的出版

序言

Preface

21世纪，传播系统正经历深刻的变革。有的分析家将这次革命性的变革与15世纪西方印刷术的发明，甚至与古时书写语言的出现相提并论；有的认为这仅仅是一场变革，是新技术在信息的存储、转换和传递过程中的更广泛的应用而已。然而，所有的人都承认确实发生了巨大的变革，它以因特网全球传播系统的发展为标志。然而，因特网仅仅是外部的标志。支撑了已经发生和将要发生的计算机本身的威力才是根本，因为它是人类历史上最有威力的管理信息的工具。

对出版业而言，信息存储和传递新技术的发展体现了一种特殊的变革。出版人本质上是知识的和把知识以永久形式存在以便现在和将来使用的语言和符号的推销员。西方世界中代表文化产品的印刷型图书，突然之间处在了被取代的危险之中，它不仅仅被看做娱乐和休闲的工具（已被威胁很长时间了），而且在某种程度上面临了五百年来作为学术和思想载体和传播者的从未有过的挑战。出版业自身也越来越像包含大众传媒、休闲和其他文化活动的庞大产业中的一员。它在这个产业中的地位越来越模糊。对一些评论家而言，它最主要且首要的应是知识产业；对另一些人而言，它是文化产业；对还有一些人而言，它又是娱乐和休闲产业中的一部分。其实，当它保留自身特性时，它属于上述所有的产业。

出版的领域正在被社会、文化和技术的改变而重新界定。在二三十年内，似乎一些有特色的产品，如工具书和学术性期刊，也将发生形态和商业性上的改变。但是，这种产品形态上的变化，甚至贸易方式上的变化并不能改变出版业自身的根本重要性。出版业的产品——图书、期刊、报纸、电子出版物，继续在这个世界上被创造、买卖和使用。

本书便是在这个变化时代讨论出版业的著作。在简要回顾出版历史、介绍出版业结构的数据的基础上，对出版商生产什么样的产品、如何生产这些产品、如何销售这些产品，以及在新技术的影响和新的生活和学习方式下这些方面发生什么样的变化等进行了讨论。这些数据，部分来源于出版界的业内人士和曾经的业内人士的著作；部分来源于观察家们的分析，当然这些观察家并非全部来自于学术界，还有部分来源于对出版公司和出版机构的研究。本书还得益于出版业自身和学术界多年来有意或无意之中对我的启迪，帮助我形成了这些观点。该书旨在给读者在这个深刻变革的时代对这个历史最悠久的知识产业有一个快速的了解。

约翰·费瑟(John Feather)

1 出版的过去和现在

引言:什么是出版?

交流是所有动物都具备的特征。虽然形成高级交流技能的并非仅仅只有人类,然而确切地说,只有人类才形成了彼此之间互相交流的口头和视觉语言。确实,语言的形成被认为是我们人类独特性的标志,而人类早期语言的进化被认为是个人、社会和智力发展的关键标志。然而,作为交流媒介而使用的语言受到生理条件的限制。它受空间的限制,使我们不能在远处听到;受时间限制,使我们不能记住说过的内容和记住任何一个人说过的话。个性之间的差异,如声音的高低、听力的灵敏、记忆力的好坏,与这些主要缺陷相比显得微不足道了。

书面语的发明是人类的另一个显著特征。数千年来,世界上不同地区的人类,用图画、符号、象形文字与字母等这些精确而复杂的手段克服了口语存在的缺陷。[1] 事实、观念、思想能够从一个人传递给另一个人的同时,也能从一个人传递给多个人。它能克服时空的限制而传递,也能克服生与死的限制而传递。书面语也因此成为我们表达自身的主要方式。当然,视觉和口语交流依然有它的重要性。正如我们所看到的,在因

〔1〕 此段历史可参见 Geoffey Sampson 的 *Writing Systems*,伦敦 Hutchinson 出版公司,1985 年版。

为技术的进步而使人类变得交流更广泛的世界历史上，大多数受过教育的群体中仍保留着视觉和口语交流。但数个世纪以来，书面语的传递已经成为西方文化企业的核心。

文字记载至少已有了五千年以上的历史，印刷术的发明则是后来的事。在欧洲，印刷术的出现不过五百多年，在远东，则更早。然而，在人类的智力进化史上，这些都代表了巨大的飞跃。虽然文字记载的影响要经过千年以上的时间才能被彻底认识到，印刷的影响最初也是缓慢而且是部分地被认识到的。发展是不平衡的、暂时的、区域性的。即使在今天，当一些国家在普及读写教育的时候，另一些国家却仍然受到社会阶层、经济地位、性别和种族的限制。在历史上，这种区别有着更多的痕迹。例如，两千年前的欧洲，有一批能说拉丁语的知识精英。一千年以前，这批精英可能只在总人口中占据了一个更小的比例。当然这些人口也有一部分与拉丁语派生出的一种或多种方言构成的巨大族群相重叠。两百年前的英国，几乎上中层阶级的每个人都能读写。但在穷人中，只有男人和很少的女人能读写。直到 20 世纪初，阶级和性别的不平衡才得到完全的纠正。即使在今天，母语或第一语言是英语的英国成人中依然有文盲。虽然有一些人能读写其他语言（如吉吉特拉语，吉吉特拉地区使用的印度语），但却不会英语。在读写能力被发现历史上的任何时间和任何地方，总有类似变化的情节被发现。

与这种背景相映照的，是我们必须理解本书中的核心概念“出版”的发展。我们首先要看定义。《简明牛津英语辞典》（*Concise Oxford English Dictionary*）对“出版”辞条提供了 3 个义项：

1. 广泛地被知道，传播出去；
2. 正式宣告，颁布（法令等）；
3. （在教堂中结婚前）预告婚事以防异议。

然后它补充了下列含义：

（作者、编辑或出版者）通过销售方式向公众发行（图书、版画等）复制品。

出版一词源自拉丁语中的动词 Publicare，它在最广泛和最少特定性的方面最好地表达了“广泛地被知道”（to make generally known）这一义项。但这一词在一定的范围内通常被理解成“通过销售方式向公众发行”。虽然意识到这一含义也相当广泛，本书还是在这一意义上使用它。如果以《简明牛津英语辞典》中的“图书、版画等”作为范例，我们可以举出多个例子，报纸、期刊则是首先会被想到的。但计算机软件、录音带、录像带，以及有效融合了上述三种特点的多媒体作品是不是呢？他们同样是“通过销售方式向公众发行”，且同样包含了知识和文本、视觉（或听觉）形式的信息。或许字典更多提供的是要点，但它的定义具有逻辑性，而且与我们今天所见到和所分析的现实世界也相联系。

然而，我们不能仅仅关注出版物。定义中的其他要素吸引我们注意其中向公众销售的这一商业性行为。在上下文中，我们要更仔细注意“销售”、“公众”的实际含义。目前，在这本权威性辞典中，我们要足够认识到，出版本质上是作为一种商业交换行为而被定义的。[1] 因此，从各种实际的角度看，我们可以将出版看做一种商业行为，同时出版商关注盈利。

当然，其他行为同样使信息和观点“广泛地被知道”，同时使用出版者采用的出版介质。或许当代最明显的例子便是我们可以免费登录的网站。它与广告牌、广播、电视上发布的广告具有同样的真实性。上述每一个例子，他们的目的同样是为了公开上述的一些行为，同样涉及商业目的，但信息提供者与终端使用者之间的关系却是不同的。确切的区别在何处？这一区别的行为结果是什么？我们将在第四章中探讨。

目前，如果我们使用通常意义上的出版概念，我们可以将它在欧洲的历史追溯到耶稣纪年前最后几个世纪的地中海世界里。抄写员抄写抄本出售给客户，一些是预约的，一些则是带有投机色彩用于销售的。这一行为与罗马帝国一起消失了，但抄写并没有绝迹。12 世纪时，手抄行为又在巴黎出现了，随后在整个西部欧洲，主要是在有大学的城市或其他学术中心不均衡地扩散的地区。到 15 世纪，世俗抄本和方言抄本成为抄本中的一部分，部分原因在于对作为投资和书籍生产方式的这些抄本的需求。15 世纪中叶，莱茵河畔印刷术的发明解决了这一问题。在以后的二三十

---

〔1〕 这在其他词典中也有所提及。《简明牛津英语词典》从历史上和语源上都来自《牛津英语辞典》。再如，《柯林斯平装本英语词典》和《朗文当代英语词典》都强调实用性，其中《朗文当代英语词典》是面向非英语国家的，更注重“出版”一词的商业概念。

年中,印刷术被传到当时西方文明核心地带的法国、意大利,然后再传到周边的低地国家(指荷兰、比利时、卢森堡三个国家)和英国、波兰、伊比利亚半岛等。我们可以无需知道这中间的细节,但大概的要点必须知道。

根据上一段的解释,即使从简单或极简要的角度看,出版和印刷属于两种不同的行为,而且它们之间互不依赖。出版比印刷出现得早。印刷仅仅是一种工具,一种形成终端产品的手段。印刷的书籍也仅仅是出版商经营的产品之一。当然,确实可以说,印本图书在印刷术发明后的随后五百年内成为出版业的主打产品,更古老的手抄行为成为出版的形式之一,正如从最基本的层面看,今天销售其他信息产品的过程也被定义成出版一样。

然而,正如我们所知道的,印刷使出版业成为可能。它的发展是缓慢且断断续续的。出版史与广义的西方文化史之间有着复杂的关系,这一关系至今还没有被完全揭示或搞清楚。早期和现代欧洲中占主导地位的印刷传播方式,推动了学术和教育的发展,同时对政治、社会和经济的变革产生了重要影响。欧洲人跨越全球的时候,将他们对文化的看法以及支撑这一看法的印刷技术也带了出去。从16世纪的墨西哥到19世纪南太平洋的欧洲殖民地,统治者或传教士将印刷作为他们的欧洲统治手段之一。语言文字由于可以被印刷而第一次减少了书写量,原来采用口头传播的人被教育去阅读。但对他们来说,只有很少的材料以多种语言形式存在。随着进步与文明化,此后,征服者的语言逐渐成为是否识字的标准。在中南部的美洲、整个非洲和跨过太平洋,由于不能适应印刷文化,上百种语言完全地消失了。在整个印刷历史上,印刷对语言的标准化产生了作用,通过出版物上的印刷文字,文化开始具有统一的规则。

15世纪中叶,当第一部印本《圣经》从古登堡的印刷厂印刷出来的时候,这件事情的革命性本质还很少能看出。然而,实际上这一技术本身已包含了革命性的种子。印刷是一个使同一母本形成多个复本的过程,它比抄本要更便宜且精确。然而,印刷具有很小的商业意义,除非印制成批的复本。印刷需要相当大数量的资本以投资于设备(厂房、机器等)和材料(纸与墨)。所有这些投资必须在开始进行印刷前就要完成。因此,这些投入只有在所印刷的足够数量的图书在恰当的时间以合理的价格销售出去后才能产生利润、得到回报。这一事实在15世纪后半叶的图书生产经济体系中逐步改变。也许是一种偶然,正是对这点有了认识,才产生了现代的出版业。

印刷和出版的历史与破产同时存在。古登堡是印刷和出版这一事实的先驱。当图书开始通过已存在的、有些已有数百年历史、连接欧洲市场和展览会的销售网络广为发行的时候,这一行业花费了一代人的时间才变得稍微稳定一些。这种唯一的可能在于,那时印刷的图书采用的语言是当时西方精英使用的共同语言拉丁语。地方语言的印刷和出版是稍后的事情,虽然由于出版的此类图书的遗失而导致缺少证据使我们该方面的知识有所歪曲。[1] 15 世纪末,地方语言的印刷开始形成。英国本土的第一位印刷家威廉·卡克斯顿(William Caxton)有意识地扩大了英语文学的市场,这中间部分的原因在于进口的欧洲大陆的拉丁语著作只能满足英国国内很小的市场需求。拉丁语逐渐被印刷和出版中采用的地方语言所取代经历了很长的时间,直到 19 世纪才彻底结束。知识阶层通用语言的消失从语言上或民族上阐释了出版业得以发展的原因。只有在目前的世纪才出现了类似的主宰出版业的新的全球知识精英语言。

从印刷到出版

将古登堡或卡克斯顿描述成"出版家"既准确又错误。这两人均关心图书的发行和销售,同时又是拥有印刷技术和操作印刷设备的生产者。虽然他们具有不同的方法与背景(古登堡是一个工匠,而卡克斯顿是一个商人),他们两人都从事图书印刷和销售,且都对设备和生产过程所需的资本投入负责。它们之间的功能逐步分离,这是理解 20 世纪后期的词典中将出版定为一种独特活动的核心。

直到 17 世纪初,出版、印刷、销售,这三种图书业的基本功能的区别

[1] 拉丁文图书一般是大开本,仿效了当时的正规手稿。许多图书被送进图书馆,而个人无法获得。开本、价格以及机构拥有使得它们相对于较小、便宜、质量较差的本土图书来说,更容易保留下来。因此,在大开本、价格更昂贵的图书中,地方语言图书的遗失率要高得多。

还很小。然而，此后，印刷的功能就开始不同。虽然这一过程还没有完全被弄清楚，时间和重要性在欧洲的不同地方也不同，但理由从表面上看很简单。许多案例从侧面说明，其本质的变化在于对印刷业的技能和业务都与出版有根本差别的不断了解。印刷商是劳工的雇佣者，即使操作一台单个的印刷机至少也需要 3 个熟练的工匠：2 个印刷工人操作机器，1 个排版工人安排印版。虽然印刷商们也时不时介入这两项工作，但实际上，印刷商通常雇佣比印刷工人更多的排版工人。除了雇员的工资，印刷商同时需要提供材料和设备。一台印刷机和足够数量的活字，这一最低限度的设备就是一笔很大的投资，油墨和纸（某种程度上更重要）同样需要去买回来并存储。用后来的产业标准看，早期的印刷厂是小规模的，但它决不是微不足道的。我们看一下 17 世纪早期伦敦一个著名印刷商的业务。他的业务或许需要他家人的帮助，雇佣 3～4 名熟练工人，有 1～2 名学徒帮忙，拥有 2 台印刷机和大量的活字，以及各种各样的设备。他需要有一间各种设备能工作的厂房、一间存储所需的材料和印好的印刷品的库房。他需要与一系列的设备提供商（如纸张供应商、文具批发商、油墨供应商）和对他的印刷产品感兴趣的销货商打交道。

图书业从来没有被印刷商完全垄断，虽然在 16 世纪大部分时间里，西方主要的图书生产中心中，他们肯定是主导性的力量。这中间部分是人为的因素。统治者希望限制印刷品的流通。在整个欧洲的一个时期内，当控制印刷厂被认为是具有代表性的行为时，管理印刷商的数量和印刷机与雇工的数量是他们更容易做到的。这使印刷商们面临停业的威胁，同时又使他们发现自己处在了提高价格的位置上。印刷变得繁荣起来，并从带有投机性质的出版业中分离出来对它的从业者而言具有明显的好处。通过成为出版商付费的承印者的这一实质性的分离，印刷商确保了他们的收入与异想天开的成功或某一题目或版本的失败无关。他们只印刷出版商委托印刷的图书，并得到及时的付款，与所印图书的市场命运毫无关系。

然而，当印刷技艺被广泛地传播后，印刷商在伦敦图书业上的独占地位逐渐瓦解。一直到 17 世纪中的大部分时间内，人工限制印刷厂主、熟练工、学徒工的企图断断续续地得到加强。印刷业形成了自己的习俗和传统，包括雇佣工人的惯例等。我们可以从当代主雇之间的关系以及一些印刷的原始材料中得出这一结论。17 世纪末，拥有印刷厂的印刷厂主实际上面临了来自消费者和雇员的双重压力，他们都在寻求自己利益的最大化。尤其是排版的排字工人（直到 19 世纪末，排版仍是一项体力和技巧活）一直求大于供，不管官方如何规定，他们自己能保证获得高的工资。而且，根据常理，他们都是有文化的。18 世纪末，在伦敦印刷业中，原始的同业公会组织在早期开始跟雇主进行协商工资，随后形成了集体讨价还价的方式。

外部的压力比内部的压力使事情更糟。17 世纪早期，一些出版商实际上将他们的图书印刷业务分给了一家以上的印刷厂。在大多数情况下，产生这一现象的原因是为了经济上的投机，少数情况下则是由于政治因素。将同一图书分给不同的印刷厂印刷有助于使一些不受社会欢迎的图书能长久不容易被追查到。然而，大多数图书没有这些特性。之所以叫“分担印刷”，是因为那个阶段小的印刷厂家由于官方从设备和人员方面的控制使他们的印刷数量也受到限制。在一个自由市场上，一些厂商能够得到扩展，但大小的限制同时也限制了他们的盈利能力。尽管对他们的服务有需求，印刷厂商本质上成了出版商的代理人。17 世纪中叶后，后者成了伦敦正式书业构成中的统治者。

然而，他们并没有称自己为 Publishers（书商）。这一阶段，通用的名词是 Stationer（出版商的古语），后来被“bookseller”这一词所取代。术语是混淆的，但有时也不得不使用它。在 17 世纪的伦敦，“Stationer（出版商的古语）”几乎是一个技术性词汇。它被用来描述所有书业协会（包括印刷厂家）必须依法加入的行业组织——“伦敦印刷商和书商同业公会”（Stationers’ Company of London）中的会员。换句话说，“Stationer（出版商）”是书业组织成员的一般用语；“bookseller”是这些行业中的从业者的称谓。他（有时是她）首先要卖书，但有时也对他们产品的资金负责。17 世纪伦敦的卖书者，通常都是在他自己或他家庭生活的地方开设书店卖书。在伦敦市中心的圣保罗大教堂附近地区有许多这样书店的记载，其余书店分散在城市的其他地方，在大多数主要的省会城市也有一些书店。他们的备货情况我们很少知道，但足够了解他们的备货有限。许多书是二手书，起码是旧书。新书往往是书商自己制作出来的。

然而，作为一个生产商，书商却不是作为印刷者或装订者身份的图书的物质形态生产者。他是生产过程的组织者和理财者,也就是我们现在所说的出版者。在扉页上呈现的版本说明中反映了这一点。下面是一个典型的版本说明:

> “伦敦:鲁斯·拉沃斯(Ruth Raworth)为海姆菲·莫斯利(Humfrey. Moseley)印制,在圣保罗教堂院内王子的盾形徽章旁销售。1645”

印刷者(拉沃斯)是个名字,书商(Moseley)不仅有名字,还有详细的地址,以便购买者知道到哪里可以获得这一图书(书店的标志是王子的盾形徽章,位于圣保罗大教堂的院子内)。我们必须注意“为”(By)和“为谁”(For)这两个词汇。从这些介词里可以看出,鲁斯是莫斯利的印刷商,根据他的订单印书。这一版本说明浓缩了图书贸易内部的关系,正是从这里,历史学家开始第一次重建对图书贸易情况的理解。

现在必须要引起注意的关键问题,且这一问题是理解出版如何成为一种独特活动的核心问题是理解书商(如这一例子中的莫斯利)为何以及如何成了为他所印和为他所售的文本的所有者。当然,唯一的一种可能性是为一位作者的一本“新”书。在我们选择的这个例子中,莫斯利解释了它是如何发生的。他声称自己是密尔顿(Milton)诗歌的崇拜者,同时意味着他说服了自己去出版这些著作:

> “在这些文章中,作者的更突出之处是名气太大,所以没有办法藏掖文集,也没法阻止我向他求这些著作。”

这一句子出现在前言里,前面冠以“出版商致读者”(The stationer to the reader),同时有“海姆菲·莫斯利”(Humph Moseley)的签名。毫无疑问,它留下了谁负责书业的信息。

在这一交易中,书商的独具地位如此清楚是不寻常的。然而,潜在的假说是,莫斯利通过一些获得密尔顿授予出版权利的商人而获得了他的诗歌。因此,至少意味着,密尔顿同样也是出版活动的参与者。书商和作者必须遵循的制约他们自己的习俗和规章已经存在了。在书业内部,形成了允许出版商(也就是出版商公会成员)来声称拥有某些特定图书的所有权,或者利用这些条款进行“复制”。在从作者那里恳求到他的著作方面,莫斯利事实上从密尔顿那里获得了印刷这些诗歌的权利。用现代书业术语来看,莫斯利拥有出版权(Right in the copy)。

出版权概念和实践的发展是漫长而复杂的。它部分起源于王室控制出版内容的欲望,部分起源于出版商以有序的方式管理他们贸易的欲望。出版商公会从其最早时期开始(1557 年查理国王正式建立),就成为其成员拥有的出版权的登记者,这些权利通过不同的方式获得。但事实上,本质上的一点是权利拥有者将印刷某书的独特权利让出,这就是在不同时期以“图书账册”(Entry book)、“登记图书”(Register book)等不同的名称登记在案的事实。虽然它在本质上是书业内部的自我管理,大体上,在 1560 年至 1630 年间,该系统的发展没有大规模地被王室和教会当局支持的出版商公会操作。在贸易内部,随着王室在 1640 年的崩溃,这一系统存活了下来。由于自我管理的实际需要,这一系统得到了加强。莫斯利的密尔顿诗歌出版物折射了这一稳定且良性管理的商业系统的运作。

在英格兰 20 年的国内战争和共和党统治时期(1640—1660),出版审查逐年加强。这一措施在书业内部的管理机构中更加突出,当王朝复辟时,出版商公会的权利因 1662 年的印刷法规(Printing Act)条例得到巩固。在以后的 40 年内,书业贸易的管理规则和管理态度随着政治的钟摆而摆动。在查理二世政权(1660—1685)的大多数时间内,1662 年的印刷法规被实行,虽然它在 1679 年时失效。这一时期是重要的:将查理的天主教兄弟从王座上赶下的企图给所有的政治派别提供了一个很好的理由,希望更少地管制印刷厂以便他们能够从宣传的目的上利用它。随着他的兄弟确实即位成为詹姆士二世(1685—1688),1662 年的印刷条款再次被提出,但它在光荣革命(1688—1689)和内阁基本议会制度建立后的几个更自由的王朝中几乎没有得到延续。1662 年的印刷条款在 1694 年彻底废止,自那以后,除了非常偶然的战争时期,英国再也没有国家控制的出版审查。然而,书业贸易的出版权控制协议确实存在到管理它们的法律通过以后。经历了一个混乱的阶段后,1709 年议会通过的法律将版权(Copyright)的概念(虽然不是专门名词)带到了成文法中。

法律层面上的出版权的出现对书业而言具有很大的长期重要性。它使通过民事法庭和刑事法庭来保护所有权和行使权利有了可能。这件事的后果是,在整个 18 世纪中,书业诉讼不断增加。然而,还有另一因素。1709 年的法令强制给了已有权利一个时间限制——在第一次给予 7 年,在随后某种情况下给予另一个 7 年的保护。这成为全世界版权法的共同特征,而且延续到现在。当版权保护到期后,版权进入现在我们所说的"公共领域",可以被任何人自由使用和以任何形式传播。在 1730 年至 1770 年间,一些非常重要的伦敦书业协会会员再三利用法院来质疑法律的内涵。他们的努力注定要失败,因为语言虽然因晦涩或模棱两可而引起争论,但其意图却是明显的。在 1774 年一个具有里程碑式的判决中,英国国会的上议院确认了在首次出版后的出版权最多拥有 14 年。

这一判决是导致伦敦书业中的图书销售和出版最终分离的数个因素之一。对版权拥有的时间限定的确认促使出版商去寻找新的图书以供出版,而不是仅仅依赖重印受欢迎的旧版书。当然重印会继续,且事实上在继续,但却面临公开的竞争。几乎与书业同时出现的遍及书业的垄断心态,不再被合法地接受,也不具有商业的价值。结果是使出版商更加企业化,不是所有在 18 世纪中叶的书业中占主导地位的出版商都能处理好这种转换的。它确实是一种根本的变化,因为在 1770 年代中期到 1820 年代中期的以手工为基础的前工业化书业逐步转变为与逐渐具有活力和扩张经济的机械化社会相适应的出版业。

这种转换可以以三个著名名字的历史为例证,这三个名字至今仍在:朗文(Longman),默里(Murray)和麦克米伦(Macmillan)。朗文公司可以追溯到 1727 年,事实上它是一家起源于 17 世纪的古老书铺的延续。在 18 世纪的大部分时间里,朗文的后人既是出版商(现代意义上的),又是书籍零售商。他们是数百种图书出版权的全部或部分拥有者,这中间包括那个时代的一些著名的畅销书。然而,从 1770 年代中叶起,尤其是大约 1800 年以后,这家公司开始专注于出版新书,并在版权保护期内不断再版这些受欢迎的图书。同时,他们逐渐放弃了自己的零售业务。从 18 世纪的零售商与出版商到 19 世纪的出版社的转换完成了。

约翰·默里(John Murray)是从其他行业进入到出版业内的。像汤姆斯·朗文一世一样,他购买了一家出版企业(1768 年),几乎从一开始就专注于出版新书。他只有很小的选择权,因为没有可以继承的版权,同时,对一个外部来的人而言,要在版权拥有者的小圈子内以自己的方式购买版权是一件困难的事。他是幸运的,因为他的出版生涯(他在 1793 年去世)与伦敦书业开始开放给像他这样的创业者的时期相吻合。他出版了许许多多的图书,几乎不卖书。他的儿子继承了这份实际上就是一家出版社的产业。默里或许可以被认为是伦敦书业中一开始就从事出版、而且大部分时间独立从事出版的第一个成功的商人。

对1840年代进入书籍业的麦克米伦兄弟而言,他们只能面对严峻的选择。在剑桥一家传统的书籍商那里结束学徒期之后,亚历山大·麦克米伦(Alexander Macmillan)和丹尼尔·麦克米伦(Daniel Macmillan)在那里建立了一个家庭作坊,开始出版图书。他们意识到,如果想要生意成功,就必须以伦敦为本部。在1840年代一次不成功的尝试后,他们逐渐转移了他们的重心,直到1863年所有的出版业务移到伦敦。亚历山大·麦克米伦(他的兄弟丹尼尔在1857年去世)已经意识到了这一必然性。图书出版和销售已经是完全分开的业务,如果一家单独的公司要同时从事这两项工作,它必须在实际工作中将它作为各自独立的业务。当剑桥有良好的零售业务时,出版本质上已成为大都市的活动,就像它已经存在的一样。

这三个英国出版业的著名名字揭示了图书出版和销售成为独自事业的大量故事。保护18世纪书商拥有版权的政权的解体促使他们思考行业内部的惯例。出版业需要事业心、企业精神和全神贯注于盈利。这种行为就是成功出版新书。朗文实现了转型,其他大量的企业却没有。那些从外部进入书业的都不受数世纪惯例的制约,他们从一开始进入书业时就是企业家,而且发现在一个保守的和墨守成规的行业中相对更容易进行竞争。约翰·默里就是这样的一个人。在一代人或几代人之间,这种发生在18世纪末和19世纪初之间的转型成为行业的惯例。麦克米伦是书籍销售商和出版商,但他们不得不看到这两个行业是分开的、不同的。16世纪的印刷商主导的行业也因此变成了仍保持着它的特性的行业:一个资本家和主要生产者——控制整个古老的且仍是我们最熟知的知识产业的出版商——统治的行业。

出版所使用的语言

在西方,出版一直是一个国际型的行为。正如我们所看到的,像欧洲许多印本图书出现以前的手抄本一样,早期的印本图书都是采用当时受过教育的精英们共同使用的拉丁文。15、16世纪时,作为教育和官方曾使用的方言的出现有多种原因,这中间,确实,印刷术的发明和传播可以被看为原因之一。然而,我们假设的一个基本观点是,不管是何种原因,1550年以后,印刷所使用的语言从拉丁语转为主要的方言是渐进的。英语成为主导,但法语和德语也紧随其后。在北欧的一些新教国家中,《圣经》的方言翻译在语言形式上具有极大的影响,同时,对被用来翻译的语言的敬畏也确实影响了方言的读写能力。印刷语言的方言化是缓慢且不均匀的。直到17世纪的晚期,拉丁语仍是学术使用的语言。牛顿(Newton)和笛卡儿(Descartes),这两位各自学术领域的先驱者,用拉丁语写了他们的代表性作品,主要的原因就在于这样能使他们获得国际读者的注意。但他们也是天赋哲人中采用拉丁语作为正式交流手段的最后一代人。

在拉丁语被取消作为学术语言的很早以前,它就已经在商业甚至在外交中被取代了。商业已经采用方言了,16世纪以后,印刷的外语指南确实已被发现。18世纪中叶,现代语言的培训已经成为一个盈利的行业,这是大不列颠国际贸易经常增长的重要性的标志之一。[1] 直到18世纪,外交官们还在某些场合继续使用拉丁语。在信仰天主教的欧洲,拉丁语确实不可避免地存在着,因为这是教会的通用语言,甚至在世俗交流时也使用。然而,方言得到了快速发展,权威性语法与字典的出版使它们变得更加正式和权威,政府部门、行政与司法机关等官方场合的使用使它

〔1〕 这些语言直到19世纪晚期才得以在正式教育中进行教授。一直到19世纪中期,拉丁语和希腊语仍是牛津和剑桥大学的首选专业。同样,在德国的大学,拉丁语仍继续使用,虽然学科的学习大多基于英语,教学工作也因此更勤勉和有效。

们在国家工作中生根。[1] 当主要的方言变得可敬时，它的使用成为正式。这是一种良性循环。

然而，这种发展留给出版商一个问题，因为一本书的潜在市场被语言和主题所限制。翻译不可避免更加普遍。当然，翻译一直存在，而且比印刷的历史更长。确实，中世纪希腊文本的被了解很大程度上是通过拉丁语翻译，后者译自阿拉伯语，再后者又译自一种大多数学者都不知道的语言。卡克斯顿(Caxton)的英语图书出版是一个创举，它通过翻译法语图书占据了市场。在16世纪中叶，以拉丁语和重新发现的希腊语写的许多著作，被译成了英语、法语和其他语言。文本当然也从一种方言译成另一种方言。第一本被广泛翻译的英语图书是1678年初版的班扬(Bunyan)的《天路历程》(*Pilgrim's Progress*)，到17世纪末时，它已被译成了荷兰语、法语、德语、威尔士语等。

因此，翻译成为不同语言演说者之间书面交流的正式方式。然而，这中间有另一种并行的发展：寻找一种共同的语言来代替拉丁语。[2] 这种语言的选择遵循政治和文化的力量。在18世纪的欧洲，占主导地位的语言是法语。这中间有许多理由。从1648年的《威斯特伐利亚条约》(*The Treaty of Westphalia*)到1789年法国大革命爆发，这中间虽然经历许多挑战，但法国在欧洲具有陆地上的优势。在这一阶段的早期，法国的音乐、绘画和建筑主导了欧洲文化。以路易十四(1643—1715年在位)为代表的政治独裁的君主，以及其后直到1789年很少能服人的后继者，法国成为从新教王国的斯堪的纳维亚半岛到奥地利和普鲁士王国的横跨欧洲的在风格和物质上被模仿的典范。甚至法国的反对派也变得时髦：用法语写作的孟德斯鸠(Montesquieu)、卢梭(Rousseau)、伏尔泰(Voltaire)，创造出了一种新形式的自由主义思想，这种思想与被这一思想所推翻的政治

---

[1] 随着安乐尼奥·德·内夫里加(Antonio de Nebrija)的西班牙语法的出版，人们在15世纪开始对方言语法进行研究。17世纪晚期，法兰西学院开始试图出版一本有关西欧语言的权威性词典。第一本英语词典是由罗伯特·考德雷(Robert Cawdrey)于1604年出版的，17、18世纪又陆续出版了一些词典。然而，最具里程碑意义的英语词典是由塞缪尔·约翰逊(Samuel Johnson)编写的，并于1765年出版。

[2] 我并不是要试图推行一种不存在的通用语言，如世界语，尽管从18世纪开始，这也被认为是一个解决策略。

体系一样有影响。他们的许多作品被译成了其他语言[1],但它同样以原来的语言广泛传播。正如16世纪时懂拉丁语被认为有学问一样,18世纪读法语、说法语成为一个有文化、受过教育的人的标志。英语还很少有人熟知,英国以外很少有人读英语书,这种状况至少维持到18世纪末。

然而,当法语占主导的时候,英语最终追了上来。滑铁卢战役(Battle of Waterloo,1815)之后,英国沿袭了法国政治和文化占据统治地位的衣钵。经历了19世纪之后,英国在欧洲事务方面有了举足轻重的影响,而且在世界其他地区,欧洲的力量逐渐占据了主导。从1820年至1830年,在经历了英法战争(1793—1815)的长久限制后,英语又开始流传。巴黎和莱比锡的出版商开始出版重印新旧英语图书。尽管是为了满足英语读者的需求,但这中间,一部分是获得授权的,另一部分则不是。但所有的图书却帮助创造了一个巨大的在欧洲大陆能轻易获得的英语读物市场。渐渐地,英语语言的知识在欧洲的精英中扩散。在法国、德国和斯堪的纳维亚半岛的学校中,英语成为共同开设的第二外国语。20世纪中叶,当英国的政治力量开始爆发时,它的语言就如商业中的通用货币一样横穿了整个欧洲大陆。

英语向欧洲以外国家传播始于16世纪。此后300年间,一直伴随着贸易和殖民扩张。对它而言,这毫不令人惊奇。西班牙、葡萄牙、法国、荷兰都曾将它们的语言带到了它们在美洲、亚洲和非洲的殖民地。而且,它们一直被使用到现在。西班牙语是整个中南美洲中除了巴西(那里流行葡萄牙语)、苏里南(荷兰语)、圭亚那(英语)外的主导语言。这是殖民主义和帝国留下的直接遗产。值得一提的是,自西班牙从美洲领土上撤出后几乎又过去了两百年。西班牙语的使用,不但继续存在,而且已经根植于因去殖民化觉醒而出现的本土文化中。在西半球中,西班牙语的重要性通过美国和墨西哥之间格兰德河北部(尤其是在加州和德州)的西班牙新殖民地的遗产,以及近一百年间拉丁美洲向美国的巨大移民潮而得到了进一步的加强。在洛杉矶、迈阿密、纽约以及更小城市里的许多地

---

〔1〕 例如,孟德斯鸠的《波斯人信札》于1722被译为英文出版,另一本《法意》于1750年出版。1761年至1765年间,托比亚斯·斯摩莱特翻译了伏尔泰的一系列文集。此外,卢梭的《社会契约论》于1764年被翻译成英文出版。

区,西班牙语至少是与英语同等的街道语言。

如果西班牙语这一例子是一个预示的话,欧洲帝国留下的语言遗产似乎注定要比帝国本身更长寿。毫无疑问,法语至今在50多个曾经或现在仍是法国殖民地的国家中繁盛着。荷兰语在印度尼西亚继续使用着,经变更后形成的公用荷兰语是南非的官方语言。南非也有少数说德语的人,德国的南非帝国移交给他人之后也超过了八十年的历史。在前苏联的东欧卫星国家中,俄语仍广为人知(虽然俄语的使用原则上经常被抵制),同时,俄语在西亚和中亚地区的前苏联共和国中仍广为使用。然而,最重要的是,英语在某种程度上已经成为全球通用的语言。

在全世界的语言移动中,四种欧洲语言超越了其他的语言。表1.1的数据或许是一个估计,而且当然会不时变化。英语远远超过了其他跨越本国领土的语言。确实,估计的57 200万并没有考虑那些只有很少英语知识,或为求学或商业目的而学英语的人,如果将这些考虑在内将是120 000万到150 000万人。从19世纪中叶以后,通过在欧洲和更大世界范围传播英语知识,解释了我们将在本书后面章节中将要分析的现代出版业的结构。当然,在一百五十年前的受过教育的欧洲人中,比说英语更时髦更有利的因素是基础,因为英国的语言也是美洲的语言。理解现代国际出版业的一个关键因素在于一个简单的事实,那就是除了27 000万世界上具有政治和经济实力的居民中的很小一部分人,其他人不是单一使用英语的人就是将英语作为第一或第二种语言的人。

表1.1 欧洲的世界性语言

语　言	估计使用的人数(百万)
英　语	572
西班牙语	300
法　语	170
俄　语	150
荷兰语	15.3

出版和语言是紧密联系在一起的。当一种语言被受过教育的数十或数百万人所熟知时,就会出现图书、杂志和报纸的市场。读者越多,整个

市场就越大，即使对一些专门文献而言，潜在读者数量变多的可能性就越大。当他们自身不属于母语时，这种情况诱使他们在能读懂他们语言的读者中寻找市场。自20世纪中叶开始，这一情况在实践上已逐渐熟练，只剩下了这种情况：越来越多的作者，尤其是学术图书和专业图书的作者，不管他在世界上什么地方或平常生活中用什么语言，都用英语写作。第二次世界大战前，在作为科技著作的语言中，德语是和英语一样重要的语言。但1930年代德国犹太科学家的流亡，以及1942—1945年间德国科技设施的被毁，导致了德语地位的衰落。英国和美国的出版公司不是唯一的从英语占主导地位中获益的出版单位。例如，印度也是英语图书出版的重要国家，在这个国家中，有一打以上的语言用于出版；在澳大利亚、南非、加拿大这些主要讲英语的国家中，也有英语出版。如果从语言的角度来分，世界上最大的图书市场的供应很大程度上依赖于英国和美国这两个国家，它们拥有世界上最多的说英语的人口。

当然，其他的世界性语言也被出版使用。尤其是西班牙语正变得越来越重要。一部分因素是因为它是拉丁美洲的主导语言，另一部分因素是它在美国的快速扩张和它包含的政治内涵。在美国，巨大的和正逐渐增长的、并显示未来继续增长的西班牙语儿童图书市场显得尤其重要。具有讽刺意味的是，这种增长可能对美国出版业的益处要大于以西班牙语为母语国家的出版业。尽管美国的西班牙语出版多少是个例外，但对大多数出于文化和教育的目的而使用欧洲世界性语言的国家而言，一个严酷的事实是，图书的需求大多数通过进口该语言国家的图书而得到满足。确实，在以英语为母语的世界中，英国和美国出版社的主导地位又因明显的全球学习英语的欲望而被加强；（儿童和成人）学习语言者的图书是进口超过本国生产的典型。

有间接影响的，能与英语、法语和西班牙语相比的唯一非欧洲国家的语言是汉语。讲不同汉语方言的人超过10个亿，尽管这中间的许多人生活在识字率低的农村。此外，他们还分散在东亚和东南亚，世界其他地区也有少量分布。在新加坡、马来西亚、印度尼西亚能发现重要的华人社区。从悉尼、旧金山到曼彻斯特和米兰，均有遍布全球的华人社区。然而，这并不是欧洲意义上的中国殖民主义的结果，而是现在被叫做经济移民的结果。确实，被发现的许多海外的华人社区，与其说是逃离中国，不如说是他们为了追求自己利益的最大化。近年来通过因特网为世界华人社区出版汉语语言材料的新进展只不过帮助强调了与国际上英语语言市场的根本差异。

所有这一切使那些母语不是世界性语言、更糟的是那些不懂世界性语言的人处在了严重的文化困难中。甚至对一些受过大众不懂的多种欧洲语言训练的人,能说许多亚洲语言的人、懂大部分非洲语言的人,都面临这种困难,而且这种困难是严重的。从一个更大的范围看,他们从一个更高层次的出于专业的、经济的、教育的或文化的目的的交流过程中被排除在外。

出版的国际化

在19世纪后半叶,达到顶峰的欧洲殖民帝国的扩张,当然使欧洲的语言在世界上的很大地区占据了政治上的优势。反过来,这一现象开创了采用远离它们本国那些语言的图书市场。在某种意义上,这一现象在美国也存在。经历了18世纪和19世纪的交替,这个新独立的共和国的书业开始真正独立于他们的英国祖先。整个19世纪中,美国书业发达了。书业,就如该国一样,自信而快速地发展是在1865年美国内战之后的时期。与英国一样,在美国,那个时期成立的出版社,其名字沿用到今天;它们中的一些出版社,即使失去了自主性,依然保留了自己的特征。

19世纪中的大部分时间,英国和美国书业之间的关系是紧张的。在欧洲,通过一系列共同承认国内著作权的双边条约而形成的著作权国际保护制度有了快速的发展。这一趋势在1886年签订《伯尔尼公约》(*The Berne Convention*)时达到了高潮。《伯尔尼公约》的基本原理——出版于任何一个签约国的图书在所有签约国版权法中得到完全的保护——却不被美国的政客或出版商所接受。整个19世纪中,英国作者遭受了美国出版商未经许可就重印他们图书的情况,且他们没有得到任何的经济收入。这些遭受"盗版"的人中,或许狄更斯最为出名,且肯定是最大声抗议的作家。[1] 直到该世纪末的 1891 年，外国作家才容易地在美国版权下获得一些合理的保护。

长时间版权争论的一个结果，是英国和美国出版商之间的互相竞争。作为保护手段的一部分，一些英国出版商在美国设立了办公室或分部。早在 1869 年，麦克米伦在纽约设立了分部；1887 年，朗文紧随其后；1896 年，牛津大学出版社也在纽约设立了分部。在同一个阶段，一些美国出版社开始在伦敦出现，这中间包括普特南（Putnams）和哈珀（Harpers）出版社，与在英国卖美国版的书相比，它们显然对获得英国的图书在美国的出版权要感兴趣得多。然而，在版权难点解决之后，不仅仅是图书横跨了大西洋。英国和美国的出版业开始互补性成长。一些英国出版商在纽约设立的分部开始转变为出版自己所拥有版权图书的半独立公司。麦克米伦和牛津大学出版社在 19 世纪末前都出现了这种情况。然而，这不是单向的交易。查普曼和霍尔（Chapman and Hall）这家与狄更斯紧密连在一起的古老的伦敦出版社，在 1890 年代发生经济困难，管理得很糟。作为努力救活公司的一部分措施，它成为约翰·威利父子出版社（John Wiley and Son）——美国一家更古老的、开始专门出版教育和科技图书的出版社——的伦敦代理商。不久以后，威利的"尾巴"就在查普曼和霍尔的"狗"身上晃动。1920 年，纽约的双日书页（Doubleday Page）买下了伦敦的海尼曼（Heinemann）出版社，登特（J. M. Dent）能够继续出版著名的《人人文库》（*Everyman's Library*），仅仅在于他与达敦（E. J. Dutton）的纽约公司有一个长期的协议。"有许多草帽在风中"：美国的资本开始支撑英国的出版业。

50 年以后，过去的风已经变成了大风。大约自 1950 年后，美国出版业中出现了一个几乎是持续的接管和兼并的过程。历史性名号还存在的出版社，通常已经成为大型机构中的一部分。这是美国自身出版产业中重要的文化变化驱动器，也是整个世界出版国际化过程中的重要因素。到 1980 年代，8 家出版集团占据了美国出版业的主导地位；到 20 世纪末时，变成了 6 家。1970 年代后期，英国出版业出现了同样的发展，虽然一

---

〔1〕 实际上，这并不是真正意义上的盗版。因为如果图书在没有签署《国际条约》或《伯尔尼公约》的任一国家进行销售，法律是不给予任何限制的。

些主要的出版社保留自己的独立性更长些（著名的如麦克米伦），少数的还独立着（著名的如菲玻出版公司，Faber and Faber）。然而，出版集团的出现仅仅是多面性过程中的一个侧面，这些公司在全球范围内彼此进行竞争。传统的看法认为，英国和美国的出版商分割英语语言图书的世界市场的行为在1976年的美国法律条文的威胁下遭到了瓦解。在“英联邦权利协定”的妥善安排下，一本美国版的书不能在英联邦（除加拿大外）销售，同样，英国版的该书也不能在北美销售。这使大西洋两岸的出版商能够彼此心平气和地为美国版、英国版、英联邦版的版权销售而协商出能赢利的交易。该协定的终结为两国的出版商开创了一个巨大的市场，现在仅仅通过每个作者所授予的区域权合同进行管理。因此，自1980年代早期起，英语图书巨大的全球市场在英美两国出版者之间出现了剧烈的竞争。一些出版社被抛弃是不可避免的。慢慢地，在美国开始、被英国模仿的集团化过程成为一种全球现象。1980年代后期，出版集团开始转型，随后变为跨国公司。目前，位于德国、法国和澳大利亚及英国与美国的控股公司成了英语出版的关键参与者。图书的出版，正如它们的销售一样，已经变成了一种真正性的国际业务。

世界出版业中跨国集团的优势已经产生了许多后果：文化的、经济的、教育的和政治的，这些在本书中都将会涉及。在21世纪初，全球范围内仍是英国和美国的出版公司出版的英语读物占主导地位是事实。一些著名的出版社被兼并到从事印刷、广电、网络的公司中，毕竟，与传播的利益相比，它们是无足轻重的。在第二章中，我们将通过量化来说明，同时更详尽地探究五百年前在西北部欧洲作为小工业行业开始存在的这个行业的现状。

2 全球经济下的出版

引 言

出版业遍布于世界的各个国家，有些国家出版业的规模极小，相反的，在另一些国家中出版业是主要产业，而这些国家也是全球出版物市场的积极参与者。正如我们在第一章中所提到的，语言和国家的出版业规模之间存在着紧密的联系，在某个国家中一般是由某种语言占支配地位。与许多其他产业和服务相类似，出版商所经营的市场正逐渐地全球化。文字内容必然要依赖于某种语言来表达，因此语言有时也会成为出版物发行的障碍。然而，每年有数百万的出版品通过各种国际贸易渠道销售。主要出版国所生产的各种语言的书刊出口（甚至包括一部分的报纸）成为19世纪以来图书业的重要特征，同时由于20世纪中最后四分之一世纪的经济、政治和语言趋势变化，这种特征得到了进一步的强化。

随着国际成品贸易的复苏，生产过程本身也不可避免地逐步国际化。虽然在19世纪已经开始呈现这种发展趋势，但随着欧洲出版社海外分部的建立以及美国资金大量涌入英国出版业，它在本质上已成为20世纪晚期的特征。目前，全球出版业正逐渐为少数跨国公司所掌控，它们在几大洲都持有股份。虽然一些出版社的原有名字在这些出版集团中得以保留，但它们给出版业带来了较为深远的变化，尤其在英美国家。除了传统的印刷出版，这些跨国公司对其他方面也产生了浓厚的兴趣，如通信媒介业，包括陆地、有线和卫星广播，视频、电影和录音产品的生产和发行，互联网服务供应以及电信系统和服务。在出版领域，出版集团不仅出版图书，还包括报纸和期刊。如果不了解这些大规模的企业，就无法理解出版业的运作方式。

另一方面，也存在着小型的出版商和独立出版社，他们甚至活跃在出版集团所无法触及的领域。虽然部分出版集团也会冒险，但一般来说，是由独立出版社统治了各种诗歌、当地历史和特殊兴趣图书的小众市场。出版集团和独立出版社是可以共存的，但他们在争夺零售书店这个市场空间时，也会产生许多问题。如果说发达国家的独立出版商都面临较多的困难，那么许多不发达国家的独立出版商则几乎被困难击垮。第三世界的出版商往往投资不足，无法引进现代生产设备，从而被不发达的国内图书市场、有限的发行销售方式以及其他许多障碍所约束。在与国际出版集团的竞争中，他们甚至还不如欧洲和北美的独立出版商，不能够正确地摆放好自己的位置。他们的弱点进一步加强了少数跨国公司的影响力。

只有通过一些约定规则，全球贸易才能有效地运作。和其他产业一样，出版业在同样的经济文化中运作。从 20 世纪 80 年代开始，自由贸易在全世界范围内得到了明显的发展，关税逐渐下降，即使在一些社会和经济规定中仍有社会主义痕迹的国家也转向使用私有资金。然而，这只是出版业的管理和法律体制中的一个方面。与其他产品不同的是，印刷型产品并不总是中性的。控制出版物的内容仍是世界上许多国家的特征，它对图书、期刊尤其是报纸的自由贸易进行了限制。即使在没有审查制度，或是对出版自由给予明确承诺的国家，也仍然有法律上的约束。这在很大程度上是由于国际版权法的建立，它是国际出版市场的管理者。

正如我们所看到的，国际版权作为对作者和出版商的保护措施，在 19 世纪的最后四分之一时间里得到了充分的发展。如今这仍是它的主要目的，并在两个重要的国际条约中有所表述——《伯尔尼公约》（*The Berne Convention*）和《世界版权公约》（*The Universal Copyright Convention*）。事实上，世界上每个国家都会签署加入其中一个或两个公约。国际版权法的作用在于保证出版公司所出版的每个产品都是唯一的，在没有许可的情况下不得进行复制，而且只能以它最初的生产形式或经出版商允许的其他形式进行销售。当然，这个制度在本质上是适用于大型和小型的出版商的，但对那些能够更好地进入国际市场的出版商，也就是主要出版国家的大出版商，更为有益。

所有这些需要在考虑出版业运作方式的背景下进行详细的研究。在本章中，我们将对此提供一个框架，并以几个问题作为主线。具体地说，本章探讨以下几点：

- 有关出版的统计数据，以及给予的启示；
- 出版公司的所有权以及跨媒体所有权的影响；
- 跨国企业对独立出版商的影响；
- 出版业的版权制度和其他法律、规章制度的实际影响。

国际图书业：基于统计数据的纵览

有关出版业的统计数据很容易找到，但较难阐释，必须谨慎使用它们。全球出版业数据的最大来源之一就是《联合国教科文组织年鉴》(*UNESCO Yearbook*)，其中的数据是由每个国家单独提供的。但这些数据并不都是可信的，往往还不完整或是陈旧的。然而，它却为我们提供了一个较粗略的框架，从而可以估算全球出版业的规模。从该年鉴中可获得的最新数据是20世纪90年代中期的，具体地说是1996年，我们将以此作为回答一些关键问题的基础材料。[1] 这些问题是：

- 出版了多少图书？
- 它们在哪里出版？
- 谁出版了它们？
- 它们以何种语言出版？
- 国际图书贸易的模式有哪些？

〔1〕 这些数据可从以下网址获得：www. uis. unesco. org/en/stats/ stats 0. htm。

我们将依次对这些问题进行讨论,但我们也面临一个更直接的问题。有关图书出版量的教科文组织数据,是表 2.1 的基础,但不幸的是,其中却没有任何北美的信息。[1] 这个来源中的数据要比许多国家提交给教科文组织的数据可靠得多。严格地说,它不具有可比性,它只包括美国的数据,而不包括加拿大的。然而,即使存在这些问题,很明显地,正如我们所预想的,亚洲、欧洲和美国是世界出版业的霸主。

表 2.1　1996 年图书出版量

洲　名	图书出版量
非　洲	9 598
北美洲(只包括美国)	139 309
南美洲	28 322
亚　洲	270 605
欧　洲	367 626
大洋洲	11 358

当我们详细地分析这些数据时,可以发现一些有趣的现象。在这六个洲中,每个洲的国家之间都存在着极为明显的区别。以非洲的两个极端为例,南非在 1995 年的图书出版量为 5 418 种,而布基纳法索在 1996 年的图书出版量只有 12 种。[2] 除南非外,撒哈拉以南非洲地区中图书出版量超过 1 000 种的只有尼日利亚(1995 年的出版量为 1 314 种),而马拉维在 1996 年仅出版了 117 种图书。北非的情况有所不同。[3] 北非地区的国家在 1996 年共出版了 4 549 种图书,其中利比亚只出版了 26 种,而埃及的出版种类不少于 2 215 种。突尼斯和阿尔及利亚的一些出版物是法语的,埃及出版的图书则大多是阿拉伯语。我们会在后面再次提到这点。南美国家呈现出类似的情况。其中厄瓜多尔在 1995 年的图书出版量只有 12 种,而巴西 1994 年的图书出版量达到 21 574 种。西班

〔1〕 该表格中的最新数据是 1996 年的,来自《联合国教科文组织年鉴》,其中北美的数据来自约翰·萨姆欣等人编著的《LISU 图书馆统计年鉴(1996 年)》,第 199 页。

〔2〕 1991 年,出版量最低的非洲国家是尼日尔。

〔3〕 这里的"北非"是指阿尔及利亚、埃及、利比亚、摩洛哥和突尼斯。

牙语国家中图书出版量最大的是阿根廷，在1996年达到9 850种。语言在这里具有极为重要的作用，正因如此，西班牙语的使用在理论上打开了美国和西班牙的市场。之后，我们也会再次讨论这点。

然而，在亚洲，我们可以发现一些更有趣的数据。1994年，亚洲的出版总量中有100 951种来自中国。第二位是日本，1996年的出版量达到56 221种。再次是韩国，1996年的出版量为30 487种。当然，正如这三个国家之间的语言一样，他们的出版物也存在着明显的差异，而且都对世界的教育承担着重要的责任，虽然这种理想在中国和韩国尚未达到。从本质上来说，中国的出版是以宣传为目的的，而这个前提也被世界各地的华人社区广泛接受，尤其在亚洲。另一方面，正如我们所见，有一些亚洲出版物是以英语出版的，它们基本上是可以忽略的，而且主要在印度。正是在亚洲，我们可以确认埃及在阿拉伯国家出版中的重要性。亚洲的阿拉伯国家1996年共出版了6 583种，其中3 900种是由沙特阿拉伯出版的。[1] 实际上，埃及和沙特阿拉伯共同垄断了阿拉伯出版市场。

欧洲也体现了一些显著的差异性。1996年，英国声称共出版了107 263种图书。第二位是德国，出版了71 515种，然后是西班牙(46 330种)、俄罗斯(36 237种)、意大利(35 236种)、法国(34 766种)和荷兰(34 067种)。不难发现英国位列榜首，而且它是21世纪国际语言的故乡。俄罗斯出版商则较大程度地依赖于他们巨大的国内市场。西班牙语是除巴西和伯利兹之外的中美洲和南美洲的主要语言，并在美国被广泛地使用和阅读。法语也是一种国际化的语言，它不仅是北非的大部分地区和西非一些国家的欧洲语言，同时也使用于世界上的其他小地区。尽管荷兰语在印尼仍然使用，但它和德语、意大利语都不具有国际语言的特点。那么，为什么在这里要提到这些语言呢？因为这三个国家都是国际出版的重要中心。在德国和荷兰，有一些主要的出版公司生产面向世界市场的英语资料，尤其是学术领域的出版物。这并不是偶然的。事实上，德国主要的科技出版商之一早在20世纪40年代就制定了策略：将它的科技期刊专注于英语出版。意大利长期以来是国际上合作出版图书，尤

〔1〕 我们必须再一次提醒我们自己，对这些数据应当持比较谨慎的态度，这是一个值得怀疑的来自神秘国家的整数。

其是艺术类等出版物的中心。欧洲的许多其他国家都建立了出版业，以迎合国内的市场。有一些国家如比利时具有使用多种语言的优势，这些语言往往也在其他较大的国家使用。另一些国家的语言在本质上是不为国家之外的人所知的，这些国家如波兰、捷克斯洛伐克和拉脱维亚等。

当我们将生产总量与图书贸易差额数据比较时，可以再次发现主要出版国家的统治地位。表 2.2 显示了在《联合国教科文组织年鉴》中 1996—1997 年度图书贸易顺差的国家和地区，这些国家图书出口值高于进口。英美的绝对优势正体现了这两个国家对国际图书市场的支配程度，以及英语作为其主要出版语言在此市场上的统治地位。至于其他世界语言，西班牙语不仅为西班牙，还为哥伦比亚和智利带来了贸易额，而法语为法国创造了贸易机会。俄罗斯和中国的数据部分反映了它们对于图书进口的经济和政治的限制。这张表清晰地展示了世界图书业的组成结构。少数国家的图书输出包括 4 ~5 种语言，它明显地指出了哪个国家的出版业较强大，政治和文化意蕴比较广。

表 2.2　1996—1997 年度图书贸易顺差的国家和地区

国家和地区	贸易顺差(美元)
英　国	855 714 000
美　国	698 001 000
西班牙	412 502 000
德　国	386 861 000
意大利	367 590 000
新加坡	174 462 000
俄罗斯	164 378 000
中国香港	151 740 000
中　国	91 375 000
法　国	30 776 000
斯洛文尼亚	28 118 000
斯洛伐克	21 573 000

续表

国家和地区	贸易顺差(美元)
哥伦比亚	18 067 000
芬　兰	9 831 000
约　旦	8 403 000
智　利	4 154 000
多米尼加共和国	969 000
摩尔多瓦	577 000
圣文森特	1 000

在研究主要进口国家时,我们可以发现贸易差额的文化意蕴得到了加强,而且它们都属于贸易顺差国家。我们还需要对人口、教育水平和其他因素进行详细的分析,可以从原始数据中得到一些正确的结论。最大的进口国家是加拿大,1997 年它的贸易逆差达到 777 001 000 美元,其中大部分来自美国,还有一部分来自英国和法国。[1] 20 世纪 90 年代中期,其他主要进口国家还包括南非(120 247 000 美元)、津巴布韦(123 931 000美元)、墨西哥(134 597 000 美元)、巴西(235 237 000 美元)、日本(145 195 000 美元)、奥地利(223 850 000 美元)和瑞士(294 150 000美元)。[2] 而其他任何国家的逆差都不超过 1 亿美元。

这个列表具有一定的启示意义。除了日本之外,所有这些国家的本土语言是不具有优势的。在奥地利,实际上德语是唯一的语言。在瑞士,法语、德语和意大利语划分了整个国家,多数受过教育的人可以流利地说两种以上的语言。而当地的罗曼斯方言是少数民族语言,只有 65 000 人使用这种语言。在墨西哥,占有优势的语言是西班牙语,如同在巴西的葡萄牙语。在南非和津巴布韦,英语是商业、政治和文化领域使用得最普遍的语言,也是较大部分人口使用的第一语言。但本土语言仍然是存在的,

〔1〕 由于历史原因,加拿大书业对大西洋两岸同时出版的图书,更多地引进美国版本,而不是英国版本。

〔2〕 所以这些数据无论在进口还是出口上都是赤字。

而且有一些内容是以本土语言出版的，如南非公用荷兰语，然而除了官方的支持，它们仍经受着通用语言的重压。一个较明显的例子就是在印度，本土语言的图书存在着巨大需求的潜在市场，然而有文化的中产阶级仍偏向于使用英语。部分原因可能是英语提供了一个共同的交流平台。当然，能说英语也成为一种社会身份。由此，我们需要进一步去研究以世界语言为起源的国家在国际上的文化统治程度。

在讨论这个主题时，我们不能将语言、文化和经济因素分割开，它们不断地增强欧美出版商在世界图书业的历史统治地位。在20世纪80年代，联合国教科文组织试图通过世界信息传播新秩序(New World Information Order，NWIO)来恢复平衡，但最终宣告失败，它的失败也是必然的。部分原因是政治方面的，因为美国政府发现NWIO不过是一个借口，成为用来制约美国退出它所不信任和厌恶的组织的理由。然而，即使没有这个因素，从上至下看，也不会改变两种或三种欧洲语言占据统治地位，以及在少数发达国家中已经建立了良好的出版业和其他信息通信产业基础的事实。这个问题在撒哈拉以南的非洲地区最为严重，虽然独立政府试图鼓励发展出版业以及使用本地语言，将其作为自我认同和自我肯定的重要部分。

即使在欧洲，现有的单一民族国家中少数族裔文化意识的增强也可以推动出版业的发展，20世纪90年代的苏格兰就是如此。然而，在撒哈拉以南的非洲地区，图书业的基础设施一般较弱，而且文化水平仍然很低。最常见的政策首先是鼓励，然后要求初等教育采用本土语言进行教授，并在此基础上建立教科书产业。问题在于，对中等教育来说，如果学生在今后要从事商业等领域的职业，学习英语是必须的，特别是那些不是来自双语家庭的学生。甚至本土语言出版的提倡者和支持者也认识到了这样一个基本的问题：多种语言并存，但市场非常小，而且基础设施尚未得到充分的发展。由于斯瓦西里语在东非的广泛使用，从而在此地域内产生了一些跨国界的图书贸易，但即使没有政治方面的阻碍，发行和销售仍存在一定的问题。实际上，非洲国家之间的图书贸易很大程度上是来自外部机构的支持。只有在像印度和印尼这样拥有巨大人口、相对有效的教育体系和部分工业化的经济体系的国家，才能获得真正的成功，即使如此,这两个国家仍是图书的净进口国。[1] 在除欧美之外的发达国家中,甚至在新加坡,面向出口的发行也仍然是个问题。事实上,世界图书业的流向是从北到南,从西到东,而且由于亚洲大部分地区和几乎全部的非洲地区缺乏技术、资金和市场,这个惯例得到了进一步的加强。

英美书业

我们在前一部分的分析中,可以明显地看到英语出版以及英美出版业在世界范围内的优势。我们目前需要根据现有的数据,对两个国家作更详细的研究。表 2.3 是描述两个国家十年(1989—1999)来生产趋势的简化版。在国际背景下,1999 年法国共出版了 24 485 种图书,德国出版了 80 779 种。

表 2.3　1989—1999 年度英美图书出版量(种类)

年　份	英国图书种类	美国图书种类
1989	61 195	125 209
1994	88 714	139 250
1999	110 155	100 405

这些数据表明在 20 世纪 90 年代,在绝对数量方面以及相对于美国出版业的增长,英国的图书出版得到了极大的发展。当然,进一步地,我们发现 20 世纪 90 年代是英国出版发展的良好时期,实际上对于英国书业来说也是如此,这在很大程度上是因为国内零售业的重大调整。1998 年至 1999 年之间,英国图书出版种类的年增长量为 5.7%。更有力的数据表现在,当年出版商销售量的增长率达到了 5%。在 1990 年至 1999 年间,销售量每年都有所增长(1991 年除外),而且这一时期的晚期阶段比

〔1〕 这些例子引自阿尔特巴赫(Altbach)的著作,它们与多数非洲国家不同。如 1996 年印度的图书贸易赤字达到 10 776 000 美元,印尼为 22 952 000 美元。

初期的销售量增长了近30%。1999年,英国出版商共销售了8.25亿本图书,总收入达到317 600百万英镑。而美国的相对数据也表现了美国的出版业在那一段时期同样得到了发展。在1998—1999年度,总销售量的增长率为6.3%,其中1999年的零售总额为244.806亿美元。[1]

两个国家中出版和生产的大部分图书是用于出口销售的。1999年,对每一本价格基本相等的出口图书,英国的图书出口额为18.14亿美元,而美国为18.46亿美元。我们可以对英国图书出口作更详细的分析。到目前为止,英国图书最大的出口市场是美国,价值2.02亿美元;其次是澳大利亚(0.76亿美元),接着是德国(0.68亿美元)、爱尔兰(0.66亿美元)、荷兰(0.64亿美元)。表2.4列出了每个洲的相关数据,从总体上揭示了英国图书出口的目的地。英国图书共出口到71个国家,总价值超过1亿英镑,约占总贸易额的80%。

表2.4 1999年英国图书出口地

洲　名	1999年英国图书出口额(单位:百万英镑)
非　洲	65
北美洲	239
南美洲	23
亚　洲	168
欧　洲	541
大洋洲	89

在前20个出口地区中,有8个国家以英语作为主导语言、或作为两种以上官方语言之一。除欧洲地区之外,唯一没有进入这个列表的国家是日本。但是从表2.4中得到的最突出的结论就是欧洲市场对于英国出版业具有极大的重要性,其英国图书的总价是北美的两倍多,尽管英语在

〔1〕 参见美国出版商协会网站:www.publishers.org/home/stats/2000prelim.htm。值得注意的是,英国和美国的数据从严格意义上讲不具有可比性。根据2001年10月的汇率,当年英国出版商销售图书所获得的收入总额为45.485亿美元。而美国的数据则包括零售收入,以及图书俱乐部和一些视听出版物的销售收入(后两者在英国的数据中并没有包括)。因此,这里强调的是英美两国的增长率。

美国和加拿大也具有优势。英国出口的大部分图书是英文的，这也检测了除欧洲之外不以英语为官方语言的国家的英语市场。[1] 而且，这个英语市场的主体在西欧，1999 年进口了价值 4.92 亿英镑的英国图书。前苏联和东欧仅进口了价值 0.36 亿英镑的图书，这在一定程度上反映了尽管市场对图书有巨大的需求，但在那些对零售书业投资不足的地区，进行图书贸易仍存在不少困难。相对而言，对于欧盟统一市场的潜在利益的预言，似乎得到了证实。[2]

是哪些图书支撑了数万亿英镑（和美元）的产业？世界上哪些国家使用英语，并进口英美的英文图书？我们会在第三章中更详细地讨论以上问题，但在这一层面参考一些统计数据也是有帮助的。不过不可能，或者说没有必要直接比较美国和英国书业的数据。每个国家出版业的相关统计数据也体现了产业中较有价值的管理信息。我们首先从美国开始（表2.5）。从这些数据中可以获得的一个信息是专业书市场、教育市场（包括大中小学）对于整个产业的重要性。同样突出而且鼓舞人心的现象就是青少年读物（英国所说的儿童和青年图书）销售量的增长，但相比较而言，成人读物市场却有所下降。然而，我们需要从一个长期的角度来看这个问题，整个书业从 1992 年到 2000 年的增长率为 5.2%，在最后几年的增长速度要稍快些。

表 2.5　2000 年美国图书出版（以类别划分）

类　别	美国销售量（单位：百万美元）	1999—2000 年度的增长率（%）
精装本成人图书	2 686	-11.6
平装本成人图书	1 901	-7.2
精装本青少年图书	1 202	13.2
平装本青少年图书	753	16.4

[1] 当然，英语是欧洲联盟的官方语言之一。

[2] 虽然 20 世纪 90 年代早期以后情况有所改善，但本章中引用的数据表明，在前苏联及其卫星国与欧洲大陆其他地区之间仍存在较大的差距。1999 年，波兰在英国的图书出口国中排名第 22，而俄罗斯排名第 45。

续表

类　别	美国销售量 （单位：百万美元）	1999—2000 年度的增长率（%）
宗教图书	1 247	2.5
专业图书	5 130	8.7
大众市场平装本图书	1 559	0.5
大学出版社图书	402	-2.4
ELHI（教科书）	3 881	13.3
高等教育图书	3 237	3.5

英国的数据并没有考虑到销售量的相对下降，然而我们可以从图书出版数据中得到一些启发（表 2.6）。虽然不可能直接对比，我们仍可以看到和美国的情况相同，各种专业图书对整个英国的出版业也具有极大的重要性。

表 2.6　1999 年度英国图书出版（以类别划分）

类　别	1999 年图书出版种类
小　说	9 730
教科书	3 963
儿童读物	9 043
科学、技术和医学类图书	19 569
学术和专业图书	35 445
非小说	30 994

然而，我们无法对公布的英国图书销售量的数据作出和美国出版业相同程度的详细分析。唯一可以公开获得的数据来源将销售划分为三类，每一类又被分为国内销售（零售价）和出口销售（发票价格）。这些数据在表 2.7 中表现出来，并试图从这个角度展现英国书业的概况。在理解这些数据时，我们需要考虑一些因素。

表 2.7　1999 年英国出版的销售价格

类　别	国内销售（零售价,单位：英镑）	出口销售（发票价格,单位：英镑）
大众类图书	2 165	277
教科书和英文教材	239	266
学术和专业图书	766	329
总　计	3 170	872

表 2.7 中的类别虽然在书业中比较常见,而且不如表 2.6 中的那么精确,但作一些简单的比较还是可能的。除了以上这些,我们还可以发现另外两个重要的现象：

● 大众类图书,包括一般成人小说和非小说,在国内市场占统治地位,但在出口图书中远不如这么重要；

● 教科书和英文教材对图书出口的成功起了至关重要的作用。

我们不需要对此作进一步的讨论,必要的时候我们会对图书种类的多样性作更详细的分析。

出版公司

现代出版业在 19 世纪得到了发展,并一直延续着图书生产的工艺传统。印刷从书业的其他活动中分离出来,图书销售和出版之间也日益区分开来,从而形成了一条供应链结构,并由投入必要资金以维持生产过程的出版商控制。直到进入 20 世纪,它在很大程度上也只是较小规模的行业。因此,当时出版公司一般称为“书屋”(且时有沿称至今)。他们通常是家族生意,一代接一代地传下来,并由单个人所控制,他个人的品位和兴趣会在所出版的图书生产量或目录中体现出来。资金来自家族内部。依赖于某个个人或家族,意味着他们必须自己面对所有潜在的兴衰变迁：如某一代人对出版毫无兴趣,或无法胜任；或如没有继承人,或是公司领导的突然死亡，都有可能摧毁一个出版社。

这并不意味着所有的出版商都拥有敏锐的文学品位，能生产出较好的图书。当然，一些出版商仍然是需要获利的。问题并不在于出版商是否按照商业化的模式运作，而在于他们在决定自己的商业方向时能否保持商业性和其他因素的平衡。企鹅图书公司作为20世纪最具创新性的出版社之一，它的历史例证了书业的传统和实践中存在的优点和弱点。艾伦·莱恩（Allan Lane）是企鹅图书公司的创始人，他正是在叔叔约翰·莱恩（John Lane）的出版社中获得了直接的出版基础。他创建了企鹅公司，并完全遵循他个人的主张，即以较低的价格生产大众图书的廉价版本，同时在书店和许多非传统销售点出售图书。他的主张获得了极大的成功，并在产业内有效地建立了一个新的分支。但是他没有继承人，在他到了退休的年龄时，整个公司陷入一片混乱，几乎破产，最终是朗文（Longman）公司扭转了它的局面。朗文出版社的历史也可以追溯到18世纪早期的家族生意，而且它自身也面临不少问题。除了莱恩的创意之外，这本身也是一个较具代表性的例子。20世纪60年代早期的英美出版业仍具有一百多年前的特点。

一些历史的痕迹仍然存在。最明显的就是出版公司仍继续使用为人熟知的人名作为公司名。除了朗文，在英国我们可以找到麦克米伦（Macmillan）、巴特沃兹（Butterworth）、鲁特勒吉（Routledge）、海尼曼（Heinemann），而在美国可以发现哈考特（Harcourt）、霍夫顿·米夫林（Houghton Mifflin）、亨利·霍尔特（Henry Holt）等。以上都不再是这些家族经营的独立出版社。然而这些名字仍具有一定的分量。一方面具有历史意义，另一方面就是广告公司所说的品牌效应。不仅仅是对于图书馆员，对于固定的图书购买者来说，某一个出版公司的名字也往往意味着某一类型的图书，甚至可以视为质量的初步保证。

传统出版社被大企业兼并后，一般还允许自主管理，在很大程度上，是作为一个半独立的实体。这种现象开始于20世纪60年代晚期，部分原因是当时的商业信念，认为只有大公司才能有足够的能力生存，还有一部分原因是世界上一些富有的个体较有野心。由于技术上的发展使得任何形式（包括印刷型）的信息得以传播，这股趋势在20世纪末加速发展，一个国际化的商业形式开始在国际语言下运行。这种变革的推动力包括商业的，也包括技术上的，这两者的结合也是不可抵挡的。结果，21 世纪初的出版业在很大程度上陷入了媒体、通信和因特网交织的世界。简单地回顾世界上一些主要的出版组织，便可理解以上这点，虽然这些公司中的大部分不能称之为"出版商"。

我们首先从较熟悉的麦克米伦公司开始。这个公司创建于 1843 年，起初只是剑桥的书商和出版商，经过家族的一代代继承（包括哈罗德·麦克米伦 Harold Macmillan，1957—1963 年的英国首相）直至 20 世纪末。它在主流文学作品上享有一定的声誉，此外还拥有一些敢于冒险的作者，以及面向学术和一般市场的较为严谨的非小说。自 20 世纪中期，它开始出现国际化的趋势，到 70 年代这已经成为公司的主要推动力。20 世纪末，它出现在 70 个国家，并成为德国集团——格尔尔格·冯·霍尔兹布林克出版集团公司（Verlagsgruppe Georg von Holtzbrinck）的一部分。1948 年，霍尔兹布林克公司成立于斯图加特，是纳粹党时期结束后重建的德国出版业中的新兴出版商之一。它逐渐在德国扩展图书俱乐部和书业的其他业务，并试图进入高利润的英文出版物市场。20 世纪 90 年代中期，收购麦克米伦公司就被视为实现这个目标的手段之一。

目前，霍尔兹布林克公司在大西洋两岸都拥有股份，并逐渐成为世界出版的主要力量之一。在德国，它拥有的出版公司包括费邵尔出版社（Fischer-Verlag）和金德勒出版社（Kindler-Verlag），其中费邵尔出版社是主要的综合出版社之一。它出版《德国时代周报》（*Die Zeit*），该报是德国最有影响力的报纸之一，并在国际上发行，还出版许多德国地区性报纸。在美国，它拥有纽约的法劳、斯特劳斯和吉罗出版社（Farrar, Straus & Giroux），一家在文学和儿童图书上享有较高声誉的出版社，还有作为一般大众图书（也就是美国所说的消费类图书）和历史、政治、环境类图书的纽约主要出版商之一的亨利霍尔特（Henry Holt）出版社。收购麦克米伦公司使得这个集团在英国出版中能够站住脚，不仅仅是通过麦克米伦公司本身的名字，还有麦克米伦公司旗下的两个出版社：潘·麦克米伦出版社（Pan），一家出版平装书的中等出版商；瑟域克·杰克逊出版社（Sidgwick & Jackson），一家出版文学小说和一些学术非小说图书的出版商。这并没有结束。霍尔兹布林克公司还开始大量地出版商业信息，包括《华尔街日报欧洲版》（*Wall Street Journal Europe*）以及《德国商业报》

(*Handelsblatt*),后者是德国最主要的金融报纸。这个公司同样也进行在线出版,充分利用它的商业信息数据库。最后,在它收购各种公司期间,它又成为《科学美国人》(*Scientific American*)的所有者和出版商,这本杂志填补了学术杂志和通俗杂志之间的空隙。

霍尔兹布林克公司就是20世纪晚期出版业商业化发展趋势的一个例子。它是跨国公司,而且涉及图书、期刊和报纸等内容。它正逐渐将一些高端产品转入电子发行渠道。然而,霍尔兹布林克公司的名字在金融界之外的领域和出版界的较大范围内是不知名的。一般来说,图书由亨利·霍尔特出版社、麦克米伦公司或费邵尔出版社出版,而《科学美国人》和《华尔街日报欧洲版》仍然保持以前在报摊上的原样。那么,是什么改变了?在我们试图找到答案之前,让我们先来看其他一些例子。

我们这次来看一个较为古老和受尊敬的美国出版公司——霍夫顿·米夫林公司(Houghton Mifflin)。和麦克米伦公司相同,这个公司的历史可以追溯到19世纪中期。在之后的一百五十年,它在学术图书、参考工具书,尤其是从幼儿园到研究生院的教科书领域,建立了稳固而良好的声誉。实际上,霍夫顿·米夫林图书是美国教育体系的一个主要部分。从2001年8月开始,它成为斐凡迪国际公司(Vivendi Universal)的一部分。而且,它的名字只为报纸财经版面的读者所熟知,但斐凡迪集团中的公司却可以为数以百万计的人所知,如环球影城(Universal Studio),它是好莱坞最有名的几个名字之一。斐凡迪公司开始只是19世纪法国的一家公用事业公司,如向里昂城市输送水。在20世纪80年代,一个精明的管理团队发现了未来的发展趋势,并调整公司的定位,将它转向媒体和通信产业。它创建了法国一个极为成功的独立电视频道——Canal +,并迅速地进入有线和卫星广播领域。在极短的时间内,它迅速成为一个通信公司和因特网服务供应商。现在它拥有29万名雇员,2000年创造了36亿的收入,比前一年增长了5%。有趣的是,由于出版业,尤其是教科书市场的高收益性,人们认为这样的公司应当进入这个领域。正如我们所见,事实上,教科书出版是美国出版领域中最活跃者之一。

第三个例子大家更为熟悉,因为它的创始人本身是一个国际名人,那就是鲁巴特·默多克(Rupert Murdoch)。他继承了家族产业,从澳大利亚的报纸领域转为一家跨国公司,2000年的收入达到140亿美元,并且据称它的资产总值达430亿美元。作为新闻有限公司(News Corporation),它拥有世界上175家报纸,每周印刷近4 000万份报纸。报纸覆盖了市场的每个角落,从伦敦的小报《太阳》(*Sun*)、美国的《纽约邮报》(*New York Post*)到大报《泰晤士报》(*The Times*)。然而这些只是公司业务的一个部分。和斐凡迪公司一样,新闻有限公司旗下的20世纪福克斯公司(Twentieth-Century Fox)在好莱坞也有一定的影响力,是黄金时代另一个较为有名的名字。福克斯公司开始多样化活动,进入电视领域,同时通过它自己的许多专门频道,如少儿、新闻服务等,成为卫星和有限公司的主要供应商,并拥有它自身的播放系统。当然,它所供应的对象中也包括其他新闻有限公司的巨头,如英国主要的卫星广播公司英国天空广播公司(B Sky B),以及支配了亚洲卫星电视市场的星空集团(Star)。另外还包括基于因特网的业务以及各种体育内容,如澳大利亚橄榄球联赛,该公司卫星电视台的体育频道对此都予以密切的关注。而且,新闻有限公司还是哈珀—科林斯出版社(Harper Collins)的所有者。

哈珀—柯林斯出版社是美国出版业的巨头之一。1998—1999年度,它在美国所有出版商中销售量排第二,达到10亿美元,而且它在澳大利亚、英国和美国都拥有出版公司。哈珀—柯林斯出版社本身引导了最早期的合并、收购潮,哈珀兄弟公司是美国最古老的现存出版社之一,而英国柯林斯出版公司(British Collins)在它的创始人比力·柯林斯(Billy Collins)去世后便陷入了困境,两家公司联合并创建了新的公司,希望以大西洋两岸为基础,在世界出版业中具有一定的竞争力。这个公司的雄心太大了,以至于世界最大的出版社之一的哈珀—柯林斯沦落成为一个跨国媒体公司中的一小部分。

另外一个例子就是企鹅公司。企鹅公司在它的创始人死后被朗文公司兼并。但是朗文公司在家族最后一个成员早逝后也面临着一场灾难,从而成为拥有较广报纸业务的英国培生集团(Pearson Group)的一部分。和斐凡迪公司相类似,培生集团的起源地远离大都市的复杂格局,虽然大都市声称是出版业的主要特征所在。19世纪中期,培生集团只是一个省的建筑公司,20世纪初期转入石油产业,并逐步转变成为一个控股投资公司。然后,从20世纪60年代开始,它开始作系统的调整,进入出版和媒体领域。它首先在报纸领域进行兼并活动,兼并了包括英国最主要的金融报纸《金融时报》,以及一个虽然枯燥却有高利润的英国当地报纸商威斯特明斯特出版集团(Westminster Press Group)。随后兼并了朗文和企鹅公司,接着收购了包括艾迪生·韦斯利公司(Addison Wesley)和普特南出版社(Putnam)的一些美国出版社。20 世纪 90 年代,培生朗文公司开始专注于教育市场,并认识到出版业正发生的深远变化。一次重大的调整将它各个子部分的身份统一起来,实际上,在此过程中,朗文这个古老的名字几乎被丢弃了。然而朗文公司的一个传统却得以保留,那就是教育出版,但在现代技术下有所转变。培生教育处(Pearson Education)仍然出版教科书,同时也成为生产教育软件和基于计算机的学习配套材料的先锋力量。集团一半以上的收入来自于培生教育处,而集团在 2001 年前 9 个月的收入达到近 320 万英镑。其他收入大致平均地来自《金融时报》(目前包括海外发行和基于因特网的服务)和企鹅公司,而且企鹅公司是集团内唯一一个保持其原有身份的出版公司。

出版集团和独立出版商

如果出版业本身没有产生问题,就不会进行根本性的调整。20 世纪 60 年代,在出版业内开始出现许多难题,以至于出版业的精髓被破坏。有人曾这样写道:"大多数出版社在出版集团的环境中迷失了自己。"另一些评论则带有一定的警告性:"公司管理已经无法胜任文学出版的长期需求。"一个著名的文学经纪人对出版业有比较尖锐的看法,他认为:"在目前出版业官僚化日益风行的年代,出版商作为一个具有冒险精神的企业家,让步于谨慎的编辑委员会,而编辑委员会又屈服于公司的商业管理者,保守主义和消极论成为较为普遍的态度。"无论以上观点是否正确(虽然这些作者列出许多证据支持他们的观点),它们都已经得到了广泛的认同。作者、书商以及其他出版业的参与者,都将跨国大企业看做赚钱的机器,而出版的根本职能却被完全地舍弃了。

出版业确实存在这种现象,但是它也有积极的一面。出版集团希望集团的每一个部分都能够盈利，他们会设定目标，如果每个部分无法达到这个目标，就必须要承担带来的后果。但公司同时也会提供一些机制，从而提高效率并节约成本。库存核算、合理的会计制度、产品供应、有关销售、市场信息的分析以及对图书的创作、生产和销售的系统跟踪等，这些在较为古老的出版社中也许不会全都看不到，但没有一家完全拥有以上措施。跨国公司首先是作为一门生意来经营的。实际上，在20世纪80年代，出版业的资本利润率格外高，而这也正是吸引跨国公司的首要因素。与古老的家族公司和直接后继者不同，他们逐渐形成了自己的工作方法，既可进行图书出版，又可获得较高的收入。20世纪70年代，在出版公司兼并的同时，作者、经纪人和编辑的抱怨声已大量涌现。到了20世纪90年代，这种矛盾更为尖锐。事实上，跨媒体公司涉及的领域从电子出版到儿童漫画，在他们的发展过程中导致了一种全新的、严酷的商业环境，从而需要出版商加以控制。

在出版业的发展过程中，被侵犯得最为严重的可能就是作者群体。传统出版商以各自神话般的方式非常维护他们的作者，从不知名作者的第一本几近失败的书到成功的著作，并支付十年的可观版税。出版业内长期建立的一种信仰——“图书是不同的”受到了出版集团这种特殊形式的挑战。作为诸多媒体产品中的一种以及跨国集团内小公司的产品，图书失去了它们几个世纪以来所独享的文化特权。甚至在出版业内，1995年的某项调查揭示了一些书商的观点，他们认为集团企业兼并出版社，使得出版社逐渐失去了自己的特色，同时作者对这种变化所带来的结果也毫无兴趣。他们暗示的是，出版社应当试图保持他们原有的历史名字和个性。编辑、校对等方面的标准在金钱和时间的压力下有所下降。出版商希望较快地销售图书，使图书在书架上停留时间短些，并鼓励编辑购买较流行的而不是有价值的书稿。

但是，反对的呼声也是不能忽视的，因为它导致了新一批独立出版商的出现。我们仍然可以发现出版业的历史模式，也就是由个体创建出版社，规模较小，而且只由家族内成员或一小群合伙人经营。实际上，出版集团之外的独立出版商似乎有强劲的发展势头。他们之间的区别表现在，20世纪80年代与90年代之间，许多经验丰富的人从出版公司辞职，然后成为独立出版商，这一般不是发生在职业生涯的早期，而是中晚期。

一个曾经在一些较大的出版公司工作过、有过以上经历的人这样写道：尽管作为一个独立出版商要面临很多困难，尤其是资金上的，但是他“不会和世界上的任何东西交换”。独立出版商可以在小众市场获得成功，新兴技术使得他们比以往更容易进入这个市场。相对于个人电脑，桌面出版系统需要稍多的投资和技术，从而提供一种在经济上比较可行的生产方式。在较主要的书店寻找上书架的机会，对于独立出版商来说是一个较大的问题，然而万维网却提供了另一种市场和销售图书的方式，不再需要昂贵的市场基础设施。同时，独立出版商还培养新小说家和诗人，并为其发泄对社会和政治的不满提供了一条途径。

出版集团之外的独立出版商，仍然是欧洲和北美地区出版业的重要组成部分。他们代表了印刷出版的文化重要性，而且并不总是活跃在边缘地带。我们将在第三章中提到，在一些出版的主流地区，独立出版商扮演着一个关键的角色。尤其在学术领域，尽管面临诸多压力，大学出版社仍继续出版那些大众出版商不会考虑的作品。甚至在文学出版领域，不同于出版集团中许多公司出版文学小说的模式，一些规模较大的独立出版商，如最有名的英国菲玻出版公司（Faber & Faber），继续通过传统的商业渠道出版高质量的作品。在出版业内，大出版商和小出版商之间的区别到了21世纪初变得更为明显。但是，出版集团和独立出版商正在寻找一种互赢的方式，从而为双方带来收益。出版集团也许可以支配全球产业，而独立出版商为他的全面成功也作出了很大的贡献。对于包括小说和非小说的一般大众出版而言，创造力和企业家精神都是非常必要的。这些有时在出版集团中是可以实现的，然而独立出版商却为他们提供了一个有生机的市场，而且在未来将继续这么做。

出版的法律体制

全球产业，如已经变成全球产业的出版业，若想有效地运作，必须保证它在一个相对稳定的环境中经营。当然，出版业和任何其他国际贸易一样,都会受到社会、经济和政治不稳定性的影响,但是由于出版物的性质以及出版业周围的政治和个人观点,它受到的影响格外大。正如我们所知,自从有组织的书业在西欧发展以来,出版逐渐成为一个国际化的产业。到 19 世纪中期,国际贸易得到了良好的发展,同时需要某种形式的国际规则加以管理,然而这需要较长的时间来建立。

潜在的问题比较简单。当出版商为一本新书付给作者酬劳时,实际上需要的是获得出版权。从根本上说,早在 16 世纪,这种方式就得到了认可。其基本原则已经收录进 1709 年英国的有关成文法,以及 1826 年至 1850 年大部分欧洲国家的法律中。本质上,虽然国家之间的版权法存在少许的区别,但这些早期的版权法却认同了一个基本的原则:作者对其创作的作品享有所有权,并拥有出售或出租的权利。书稿购买者一般是出版社,并拥有将其视为个人所有物的权利。当然,通常情况下,这种权利只有在出版图书时才能行使,也可以在适当的时候将其卖给另一个出版商。到目前为止,这个原则是比较简单的。但在规定权限的时候情况比较复杂,这些权利往往被规定了有限的时间范围。之后这些权利被归还给作者或他的遗产受赠人,或是不再存在,总而言之,使得其他人可以充分利用它们。在现代版权法中,正常情况是在作者死后五十年或七十年(欧盟内)后,将版权转移至公共领域。

当出版的图书在其权限外也存在市场时,才会产生真正的困难。当然,这可以通过出口图书到其他国家的方式来实现。然而,一旦如此,就无法阻止另一个国家的出版商在没有获得原出版商、作者的许可或支付他们报酬时,对图书进行翻印。这种翻印活动在它所生产的国家也许会受到版权法的保护,但是对作者和首个出版商而言却没有任何补偿。19 世纪国际版权法的出现可以说解决了这个问题。第一个阶段是欧洲国家之间双边条约的协定,首先是 1846 年英国和普鲁士之间的协定。条约在细节上会有些许细微的差别,但这些条约使得版权所有者在外国同样享有和本国一样的保护。如普鲁士的作者在英国可以得到英国版权法的保护,而英国作者同样可以得到普鲁士法律的保护。这些 19 世纪的版权条约所形成的互惠原则目前也是国际版权法的基本原则。

1886 年,包括英国在内的 10 个国家联合通过了《伯尔尼公约》,这实际上是包含互惠原则的多边条约。之后,其他国家也逐渐地加入此公约。

但直到 1891 年，外国作者才得到美国法律的相同保护。实际上，19 世纪的美国对国外图书（尤其是英国图书）的未授权翻印是普遍的，因此导致了激烈的争论。20 世纪时，《伯尔尼公约》经过了多次修订以适应新的情况，几乎世界上每个国家都签订并加入了此公约，从而版权保护和书业一样逐渐国际化。只有美国仍然继续抵抗，不过它最终同意加入一个类似的教科文组织文件——《世界版权公约》，该公约于 1956 年通过。[1]

现在，世界上每个国家对版权进行全面的保护已经成为出版业发展的重要基石。几乎每个国家的出版商都可以获得图书的版权，并且他们意识到在《伯尔尼公约》或《世界版权公约》的任何签订国内，如果没有得到许可或支付报酬，对图书的翻印就是非法的。然而，仍有较多的国家尚未加入其中一个公约。中国在 1992 年成为缔约国，苏联解体后的一些国家仍未加入。还有一些国家只签订了有限的条约，如印尼只与英国和美国签订了双边条约，却没有加入任何一个公约。

从版权保护的基本原则延伸出来的附加权利的买卖也成为出版业的一个重要活动。在国内法律、双边协议和国际公约的保护下，出版业的传统和实践都得到了发展。从广义来看，出版业认可以下权利：

- 领土权；
- 语言权；
- 版本权；
- 其他权利。

从字面上基本可以理解领土权和语言权的意思。一个出版商也许会选择在全球范围内销售的权利，或者许可另一国家的出版商拥有在其国家内或其他地方的销售权。例如，一个英国的出版商可以将一本书授权给一个美国的出版商，允许他只在美国和加拿大境内出版图书并进行销售，但不包括世界的其他国家。语言权是和翻译相关的，因此一本英文书的出版商可以授权给法国、俄罗斯和日本的出版商，分别翻译成法国版、俄罗斯版和日本版。一般情况下，领土权和语言权是交叉的，所以一本图书的法文版可以在世界范围内销售。

---

〔1〕 美国拒绝加入《伯尔尼公约》及对于任何国际版权法的长期抵制，最直接的原因就是保护国内印刷和出版业，从而抵制国外图书的进口。

版本权是指以不同于原有版式的出版形式方面的权利。最普通的例子就是一本书的平装本的翻印,即原有精装本的出版商将平装本版本权授予另一个出版商。版本权还可以和领土权交叉,因此可以存在各种可能的组合。因此,一本美国图书的精装本和平装本出版权可以分别销售给不同的英国出版商,从而产生各异的英国版本。而且,版本权也开始包括之前出版或同步出版的印刷型图书的相关电子版本。版本权还包括将作品在杂志或报纸上连载的权利,或出版图书摘要的权利,或对之前的图书作选集或总集的权利,甚至是广泛引用原图书内容的权利。而在其他权利中,我们发现一些非常普通但又极为赚钱的方式,从而作者和出版商可以充分利用其所有权。它包括将图书改编成电影或视频的权利,在电视上连播的权利,在广播中连播或朗读的权利,在公共表演中朗诵的权利以及将朗诵版本录音进行销售和发行的权利。

版权法以及从版权延伸出来的附加权利的买卖,对出版商和作者来说越来越重要。然而,出版商在过去四十年所处的稳定和良好体制目前正受到严峻的挑战。首先是来自新技术的威胁。版权法总是落后于技术的发展,而且在将来可能也是这样的状态。网络技术比以往的技术带来更严重的挑战,它们使得复制变得更为容易,而因特网则为传输和发行提供了方便。电子盗版不同于之前的印刷出版,不需要批发商、书店,或是任何形式的基础设施,需要的只是一个网站,而且在本质上很难对它进行控制。出版商不能低估这个问题的潜在影响。我们可以从音乐产业学到一些教训,由于 Napster 软件的推出,事实上导致了因特网上的音乐可以不受限制地被复制和发行,从而造成了音乐产业的几乎瘫痪。只有整个产业与推广这个系统的青少年学生达成一个折衷的协议,这个问题才能得以解决。由于出版物吸引的人较少,因此出版业相对于音乐产业来说面临的危险较小。

与第一个挑战相关的第二个挑战,是出于教育目的对某种内容的复制越来越无法控制。1911 年以来的英国法律以及 1976 年美国的法律许可了这种行为,并称之为出于教育目的的“合理使用”。在本质上,它允许个人出于教育或自学目的,对少量的内容进行复制。可以是整本书的一部分,或是一本杂志、任何发表的文章中的一部分等。出版商对于这种规定并不会感到开心,而且他们怀疑尽管多数图书馆员作出最大努力去执行这些规定，但都避免不了滥用的情况。近年来，一些因素使得这种情况更为恶化。对于影印学术期刊上文章的需求处于剧增的趋势，这是由于学术期刊本身不断上涨的价格使得许多图书馆不得不停止订阅。这造成了销售量的下降，以及价格的进一步抬升，从而又导致了销售量的继续下降。对于法律的过多解释和一些规则的滥用，会导致学术期刊文章的合理使用体系的动摇，而这个体系目前得到了广泛的使用，但一些分析家对此表示怀疑。在这个问题尚未得到解决的同时，电子文件传输系统以及电子期刊的发展又产生了新的问题。

无论是有计划地实行，还是强制实行，版权法已经成为出版业的基础。然而，它正面临着逐步衰弱，甚至是被破坏的危险。甚至有人对其概念提出质疑，认为这并不利于信息的自由交换、知识的增加以及个人教育的发展。这个观点一直以来都是政治上的争论点。早在 1971 年，出于一些发展中国家的要求，《伯尔尼公约》和《世界版权公约》得到了修订，授予每个国家的出版商出于教育目的进行翻译或翻印图书的权利，即使他们无法联系到版权所有者。修订版中比较有名的如《巴黎修正案》(*The Paris Amendments*)，是以文件的签订地点命名的。实际上，《巴黎修正案》是一个强制许可方案，如果可以联系到版权所有者，或者图书作为教育的必需品得到确证，那么，可以强制许可进行翻印或翻译。此问题的社会逻辑在于，发展中国家无法支付西方国家索取的高价格。经济逻辑则在于，相对于大销售量、滞销、分布极广的盗版等情况来说，强制许可获得的收入对西方出版商更公平。尽管这个方案尚未被工业世界的所有出版商完全接受，但它是具有可行性的。

也有人认为，《巴黎修正案》可以帮助解决盗版问题。一般而言，盗版不会在世界上最贫穷的国家生产，因为制约正版出版业发展的那些因素也同样约束着盗版行为，如技术、资金等。盗版实际上具有高度的组织性，大多发生在亚洲城市，如中国的香港特区、新加坡、中国的台湾地区、印度、泰国和韩国。之后，盗版图书被出口到亚洲较为贫穷的国家以及非洲。事实上，盗版现象得到了较大的遏制，但还没有完全根除。然而，这究竟是《巴黎修正案》的效果，还是国内法律严格执行的结果（如新加坡，执行相当严厉），目前还不清楚。但事实是仍有一个较为系统的体制为西方教科书传输到贫穷的发展中国家提供了方便。

实际上,正是这种体制的有序性对全球出版业产生了极大的影响。无论威胁是来自于第三世界的盗版,信息自由的提倡者,资金不足的图书馆,还是来自于喜好破坏性软件的学生,它们都对出版业构成了威胁。毫无疑问,在不久的未来,版权法及其国际性应用还会发生进一步的、甚至是根本性的变化,而科技变化的速度也使得技术和法律之间的差距越来越大。

结　论

在本章中,我们漫游了整个出版世界。出版业形成于早期现代欧洲的印刷所,而目前已经成为一个数百万美元的全球产业。它存在于一些最富有和实力最强大的公司实体中。它是政治争辩的起因,也是国际条约的主体。另一方面,一些热诚的人们仍然从事出版业,他们以生产图书谋生,并期望获得较多的读者。出版物有面向学生的,也有面向商人、学者、爱好休闲的。它具有高度的竞争性,不仅仅是与其他产业的竞争,还有产业内部的竞争,因为出版公司总是试图使自身在市场中处于较有利的位置。在 20 世纪的最后十年,它已经成为较大的通信和信息产业的一部分,主要表现在因特网这个新兴的革命性形式的出现上。

除了以上这些,出版业的核心仍然是生产图书、期刊和报纸,使足够的人阅读它们,产生较大的利润从而持续生产。我们对产品进行了量化,但这只是分析的第一步。在下面几章中,我们将讨论核心的问题:图书的出版类型、生产过程中的参与者及其工作、图书传送到读者的过程等。

3 出版形式

引言

出版业是全球经济的一个重要组成元素。作为经济活动中不断增长的知识成分的一部分,它掌管着价值成百上千万美元的知识产权。同时,它也产生物质产品。实际上,知识产权的真正价值在于本质上它可以转化为商品,比如药品、电影或者杂志。知识产权,尤其是版权,是出版业具有稳定性和收益性的核心。法律可以维护出版商和创作者的商业利益,同时为他们出版图书提供一个国际环境,以确保在一个高度竞争的市场上,任何种类的图书市场都得到保护。出版社只有不断地生产新的图书和投资出版活动,才得以在出版业中生存。[1] 版权法保护这样的投资活动,允许出版社在出版第一版后进行重版,当图书的寿命得到延长时,图书的生产成本也更为低廉。[2]

〔1〕 一些出版商出版那些版权已进入公有领域的图书,然而这类出版商的数量较少,规模也较小。

〔2〕 创造重版的机会,以及将重版的作用视为出版公司长期经济稳定的基础,是传统出版社的基本教条之一。例如,昂温(Unwin),杰森·爱泼斯坦(Jason Epstein)都持这种看法。杰森是铁锚书系(*Anchor Books*)和《纽约书评》(*The New York Review of Books*)的创始者,也是美国许多最著名的出版商的后代之一。

出版业的产品有多种形式。当然,图书作为其中的一种产品形式,不管是从数量角度还是从商业角度分析,都不是最重要的。报纸和杂志在印刷和销售的数量上要远远超过图书。而且,在图书中存在许多不同的种类,它们有不同的目标市场,并经常通过各种方式进行生产和销售。我们可以列举一个出版过程的范例,然而以理解出版业的多样性和出版产品的范围为前提是很重要的。

在本章中,我们将探讨有关出版业产品多样性的三个方面:

- 出版内容的多样性;
- 出版内容的来源;
- 出版内容的形式。

出版内容的多样性

在考虑"出版"的基本定义时,我们可以发现"出版"通常被理解为以图书为代表的印刷产品的大众出版。以此为出发点,我们进一步地探讨这些图书,以及它们如何相互类似或区别。我们可以采用多种分类的方法,包括小说类和非小说类、普通类和专门类、精装本和平装本、成人读物和少儿读物、大众类和专业类等等。我们也可以通过语言、来源地、开本或者是否有插图来加以区别。以上分类是实际存在和有意义的,而且在某些方面是各不相同的。我们首先从图书的学科和内容角度来研究图书的多样性,毕竟它们是读者关注的主要方面。

小说和非小说之间的区别在于内容是否能为出版商、图书馆员和读者等认知,即使它们在外延上日渐模糊。[1] 小说仍然是出版内容中最主要的形式之一。1999 年,美国共出版了 110 115 种图书,其中 9 730 种为小说。这个数字仅仅是指成人小说,不包括同年出版的 9 043 种少儿图

[1] 例如,从斯科特(Scott)开始,历史小说的情节都基于现实的背景。甚至,在诺曼·梅勒(Norman Mailer)的一些作品中提出了"faction"的概念,将现实和小说结合起来。然而,虽然具有一定的文学价值,这类作品处于边陲,因为它们的数量较少。

书中专门定位于少儿的小说。当然,它们也不是同一性质的图书。其中一些图书是由著名的作家编写的,并且有现成的市场。而这种市场的大小本身变化极大。对于许多书来说,甚至可以拥有上万本精装本以及几十万的平装本。而对于其他种类,可能不超过几百本。从商业角度看,可以分为“通俗”小说和“纯文学”小说,理解它们的真正意义是很重要的。它不仅仅是对印数和销售数量的描述,同时也表现了图书本身的性质。纯文学小说往往被认为更加复杂,且具有更为重要的意义。它也许可以成为一个商业奇迹,但同时作者和出版商也通过书评(尤其是某些报纸)和增加作者的声誉等方式寻求公众的赞同。另一方面,通俗小说,也可以称为大众小说,面向更为巨大的市场并且得不到任何好评。它热衷于制造快乐、娱乐大众以及获得盈利。

定期发布的畅销书排行榜使我们有一些较为深入的了解。以2000年圣诞节前的一个星期为例,它是英国每年购买大众类图书的高潮,而英国前15种销量较好的小说的作者基本上都是较为有名且受欢迎的小说家,他们之前拥有长期在畅销书榜上的历史。这些图书包括科幻小说(如泰瑞·普莱契,Terry Pratchett,销售榜的榜首),恐怖小说(如派翠西亚·康薇尔,Patricia Cornwell;迪克·弗朗西斯,Dick Francis),侦探小说、战争小说以及类似内容的小说(如约翰·勒·卡雷,John Le Carré;安迪·麦克纳,Andy Mcnab;汤姆·克兰西,Tom Clancy),爱情小说(如梅芙·宾奇,Maeve Binchy;玛格丽特·阿特伍德,Margaret Atwood)以及历史小说(如凯瑟琳·库克森,Catherine Cookson)。然而在近期,纯文学小说在英国获得了商业上的成功,而且大多数在市场上得到了意料之外的欢迎。

不管是成人小说还是少儿小说,都只是图书出版业的一部分。每年都有较大数量的非小说类图书出版,1999年英国出版了99 000种非小说类图书。通过学科角度可以进一步地划分这些图书,这依赖于分类系统的目的和出发点。图书馆员已经建立了较细和非常精确的分类体系。然而,出版商往往使用更广泛却并不精确的分类法,而不是正式的分类法。不可避免地,这些图书分类反映了图书的商业潜力,同时它们还反映在书店的组织结构中。在分析非小说类图书出版时,需要再次考虑到之前讨论小说时用到的“通俗”和“纯文学”的区别。一些已制定的分类法虽然定义得不够精确,但可以帮助我们进行分析。[1]

一般认为,学术书籍是由学院和大学中的老师和学生使用的。然而,其中还存在子分类。印数最多、利润最高的通常是教科书,它们是学生学习某一特定学科的基础。有时如果要求阅读教科书,学生可能就需要去购买。一般来说,教科书的需求量较大,且被公共机构图书馆大量购买。在很多学科中,尤其是在自然科学和社会科学中,教科书需要被定期地更新,从而跟上学科的发展或是外部的变化。教科书出版必然地与教育体系产生紧密的联系。课程的变化或是教学风格的变化可以产生对新书的需求,并大量缩减原有的图书市场。在英国过去的十五年内,教育的根本性变革导致了全新教科书的出版,这和法定国家课程有紧密的联系。在高等教育中,更新很快且不具有普遍性,但即使如此在这个领域仍有非常重要的发展。其中一个方面就是学者越来越趋向于使用版权所有者许可使用的内容,从而编写自己的课件。对于教科书出版商而言,后义务教育的发展时期在传统上是一个较好的落脚点。第二次世界大战后,高等教育在美国迅速发展,学院的教科书出版事实上成为一个大规模的市场行为。到20世纪末,学院教科书的巨大市场主要掌握在8家公司的手中。[2] 在英国,直到20世纪90年代才看到这股增长势头在教科书市场的出现。

教科书在学术范围内始终是站在学生角度的;而另一方面,研究专著在各个方面几乎是与之背道而驰的。这类图书包括作者的原创性研究成果,基本上为学术圈内的学者们自己编写的,好像也不准备给其他人看。印数非常小,价格也相对地比较高。这类图书的市场基本是在学术性图书馆和专业性图书馆,只有少量会被个别学者私人购买。

在教科书和研究专著之间,还存在一系列的学术书籍。实际上,在某些学科比如法律和医学,学生在工作后仍然可以使用它们。在英国和美

[1] LISU 进入大众出版领域时,主要出版以下类别的图书:小说,教科书,少儿图书,科学、技术、医药类图书,学术和专业图书,非小说等。这种分类比较精确,也便于统计。在这里我采用了一种稍微不同的方法,但它与LISU(和书业)模型有关系是显而易见的。

[2] 参见 Patricia. H. Thomton 的论文 Concentrated markets in the cultural industries: *areeconomies of scale an entry barrier to new firms in the higher education market*? 美国社会学会1999年年会的会议文章,它指出92%的美国高等教育出版都掌握在这些公司手中。

国的书业中被广泛使用的一个类别就是科学、技术和医学(STM)类图书。虽然能从字面上理解,但通常认为STM类图书是指这些领域的专家或职业培训者所使用的图书,与学生入门教科书和学术研究专著相对。这类图书会定期更新,并且具有较高的权威性。一些权威书籍甚至只是凭借它们过世已久的作者而出名,最新的版本中甚至很少收录原作者的话。最有名的例子就是《格雷解剖学》(*Gray's Anatomy*)这本书,在一个多世纪之前它就为医科学生和医生所熟知。[1] STM类图书往往是由专业出版商出版,并与该图书所服务的专业以及新生就读的大学紧密联系。期刊是STM类出版的重要组成部分,因为科学家往往会通过学术期刊发表他们的研究成果。我们应当看到,科技期刊始终站在电子发展的最前沿,反过来也表明STM类图书出版的未来发展方向充满了不确定性。

更广泛地说,STM类图书是专业书籍中迅速发展的一个类别,这个术语在书业中也被不断使用,尤其是在书店。这类图书涉及的不仅仅是传统的STM学科,还包括法律、计算机和商学等学科。其中第一个学科的历史要早于出版业,而第二个和第三个学科是20世纪晚期的产物。但是它们的本质是一样的,这些图书是全面、有权威性的,更重要的是,它们是流通的,可以被从业者、教师和学生等使用。它们并不关注普通读者,而且只出现在迎合专家读者的书店中。专业出版作为一个较为成功的部分,尽管电子版不断发展,但它继续繁荣的势头却是不可阻挡的。

我们之前所提到的大众图书(trade books),或称之为一般大众小说(general),在美国又称之为消费类图书(consumer books),它们之间的区别并不明确。在一些学科中大众图书被用于教育的目的,而出于教育目的而编写的图书有非常大的市场。在英国,由历史学家编写的历史和传记类图书正是如此,它们的读者涉及范围非常广,不仅仅包括历史专业。大众图书极容易受到流行事物的影响,而且可以用来满足甚至制造新的大众需求。应时图书的出版成为20世纪最后二十年英美出版的一个普遍特征,内容大多是与国际事件或现实、虚构的名人有关。[2] 还有一些

〔1〕 该书第一版出版于1859年,1995年出版了第38版。

〔2〕 例如,围绕英国王妃戴安娜生前身后之事所出版的一系列图书。

是和电视剧,或电视产生的潮流有关。[1] 然而,电视"搭配"在商业中是非常有名的,并不是微不足道或暂时性的。在英美有这样一个惯例,从纪录片以及公开的教育节目中可以延伸出许多成功的图书。在英国,这种搭配于 20 世纪 60 年代末变得越来越重要,而其后继者于 21 世纪也开始出现在畅销书排行榜中。甚至对于名著和当代图书的广播连播或改编,也可以对销售产生一定的影响。除了这些与广告有关的媒体,许多一般大众出版是建立在诸如体育或流行音乐等活动普及基础之上的,在这些领域,由别人代笔的明星自传经常登上畅销书排行榜。

学术图书和大众图书都可以涉及很广的学科范围,从根本上说,它们之间的区别在于预期的读者以及由此产生的市场。事实上,这导致了不同的作者、宣传和市场销售机制,甚至是不同的实体形态。这些区别都可以在书店中得以反映。连锁书店的分店基本上都会订购一般大众图书,包括小说和非小说。科学、技术、医药(STM)类和专业类图书可以在有图书市场的大型城镇的一些普通书店中找到。而教科书和学术图书一般在专门服务学术市场的商店,或是非常靠近学院、大学校园和位于校园内部的商店中销售。鉴别一般大众非小说图书的一个方法是观察书店中摆在显著位置的图书,或者稍微系统的办法就是看定期发表在商业评论和报纸上的畅销书排行榜。[2]

然而,在几乎所有的书店中都会存在相同的库存图书,参考工具书这个非常重要的类别尤为如此。当然,这是一个总括性的术语。它一般包括字典、百科全书、地图集以及一些年鉴。基本上书店对于每个种类都会订购一定的数量。参考工具书是零售书业最普通的流通类别,而参考工具书出版逐渐高度专业化。一部权威的参考工具书可能要经过多年的制作过程,以及需要由许多专家组成的团队。然而,回报是非常巨大的。各个时期销量较好的图书中有一些就是参考工具书,虽然它们很少出现在畅销书排行榜中。英语辞典,尤其是那些为非英语国家出版的辞典对于

---

〔1〕 英国最显著的例子就是烹调类图书。由于 20 世纪 90 年代晚期电视频道争相推广它们各自的知名厨师,从而促进了烹调类图书出版和销售的大幅度增长。

〔2〕 在英国,可以在《书商》(*The Bookseller*)和《星期日泰晤士报》(*The Sunday Times*)看到此类图书排行榜。同样,在美国的《出版者周刊》(*Publishers' Weekly*)以及大多数主要报纸,包括《纽约时报》(*The New York Times*)在内的畅销书排行榜在书业中具有较大的影响力。

一些英国出版社来说，更具竞争力并且有利可图。20世纪下半叶参考工具书开始迅猛增长，不仅仅表现在出版数量上，而且表现在它们所覆盖的学科范围上。例如，字典和百科全书几乎涵盖了从第一个字母开始的人类学到最后一个字母结束的动物学的所有学科。从更专业的角度说，它可以分为参考书目、文摘和引文索引。从另一个角度看，还有年度体育目录、流行电影指南和列举最好酒店、饭店的图书。虽然一部分参考工具书主要是为了图书馆市场，大部分是面向学生或普通大众的，实际上一些受欢迎的年鉴会定期出现在畅销书排行榜上。[1]

参考工具书出版在20世纪的最后十年成为出版业中变化最大的部分。正如我们所看到的，正是在参考工具书领域，电子版作为首选的出版形式开始在图书出版中得到发展。有一种广泛的观点认为，在不久的将来主要的参考工具书将是电子版，同时印刷型将不再是一个经济可行的选择。几乎所有的参考工具书都需要出修订本或增补本，这是实质性的且是有规律的，因此电子出版物迅速地得到了普及。一个极为有力的例子就是《沃尔福德参考资料指南》(*Walford's Guide to Reference Materials*)，它是英国图书馆协会的旗舰出版物之一。正如书名所显示的，它本身是对参考工具书领域的一个指南。在未来它还将出版电子版，从而比过去更具有流通性。[2] 另一个更熟悉的例子可能就是《格罗夫音乐辞典》(*Grove's Dictionary of Music*)，它于1877年开始出版，并于1980年出版了一个极具前瞻性的修订本，但在图书馆目前可以在线访问最新版本，而这种方式很可能成为未来的趋势。

少儿图书是书业中很有特色的一部分。许多是由专业少儿出版商，或是出版集团中致力于出版少儿图书的出版社，如企鹅海雀图书公司(Penguin's Puffin Books)等生产的。少儿图书之间本身就有很大的差异，

---

〔1〕 例如，《吉尼斯世界纪录》在2001年12月的非小说精装本排行榜中排名第三，在三个月中共销售了25 000本。

〔2〕《沃尔福德参考资料指南》出版于1959年，1963年又出现了一卷增补本。第二版(共三卷)出版于1966—1970年，第三版(也是三卷)出版于1973—1977年，之后，它的编纂出版史比较复杂。在决定未来出版电子版时，又出版了第一、第三卷的两个修订版和第二卷的四个修订版。这个例子可以较好地解释参考工具书令人无法忍受的复杂性以及能够保持该书重印所需要的成本。

不仅仅在于它们所瞄准的年龄范围。它的范围可以涵盖从开始学习阅读的普通图书到适合青少年阅读的复杂小说。站在少儿的角度，一部好的少儿作品应当有较好的插图，色彩丰富，有简单易懂的语言以及用大号字印刷等。然而，以上这些规则同样适用于成人图书：小说应当具有生动的情节和有趣的人物；非小说则应当精确、表达清楚并且有一定的知识内容。书业非常注重少儿图书出版，毕竟所有的儿童会成为它们未来的读者。很长一段时间，少儿出版被认为是书业中极为萧条的领域，但从 20 世纪 80 年代开始它得到了繁荣的发展。在那个阶段，它打破了销售缓慢或下降的趋势，并在 90 年代对英国图书零售的成功作出了巨大的贡献。我们同样看到，它成为美国图书销售中几个亮点之一。

当然，这些图书大多不是由儿童自己购买，而是由大人为自己或别人的孩子购买，或是由学校和公共图书馆购买。学校图书馆购买在 20 世纪 80 年代急剧下降，在英国直到 1997 年才得到恢复，而在美国到了 90 年代，父母的购买有效地平衡了图书馆消费下降的现象。在所有的出版领域，开始逐渐强调合作的作用，这不仅仅是获得大量利润的需要，也是与其他媒体关联的需要。然而，在一定程度上，至少在美国，少儿出版的成功看起来对小型、独立的书店更有利。1996 年，排名前 15% 的美国出版商的少儿图书销售下降了 8 个百分点，而整体图书销售却上升了 11 个百分点。也许是大型出版社很难迅速地应对变化极快的读者口味，于是转向生产在市场上极受欢迎的多媒体产品。

对书业来说，鼓励儿童从被给予图书转向自己购买图书是非常关键的。在过去的三十年中，一个特殊的市场得到了发展——书业称之为“青春期图书”(young adult books)，图书尤其是小说更倾向于十几岁的少男少女市场。它们涉及严肃的与其他相关的主题，其中毒品和性可能是最为突出的，而且写作和插图的风格有意地当代化。早期阶段，项目基础上的工作以及以学生为中心的学习方式为优秀和合适的非小说图书开辟了市场，它们开始出现在传统教科书和面向学校图书馆的图书之间。出版商在试图开发新的青春期图书类型上出现了错误，而且不断有证据表明青少年阅读有下降的趋势，以及少儿出版物更注重量而非质。即使如此，青春期图书仍然吸引出版商作长期投资以开拓图书的读者市场。

也许图书之间最明显的区别在于精装本与平装本之间的版本区别。

尽管以纸作封面至少有两百年的历史，而现代平装本估计只能追溯到1936年的企鹅图书。企鹅图书的创新之处并不在于它的实体形态和低廉价格，而在于它们能在很多商店而不是在书店销售。企鹅图书的迅速成功导致了大西洋两岸的争相效仿。到20世纪50年代中期，平装本图书的现代大众市场已经成功地建立，虽然它本质上仍然为精装本图书的重印本所充斥。这导致的后果是通常首先出版精装本图书，然后在精装本被评论并售完的6～12个月后再印平装本。然而，这种情况得到了改善。到20世纪80年代，许多出版商发现精装本小说销量要高于平装本的试印量，而且精装本更容易出现在有威望的报纸上以吸引读者对图书的注意。一般来说，精装本销售几乎完全面向图书馆，而几个月后才是面向一般大众的平装本销售。精装书与平装书之间的销售间隔也在逐渐地减少。

尽管在20世纪90年代精装本小说在英国的销售有所复苏，平装本现在已经成为英语国家中小说出版较为普通的形式。一些文学小说并不出版平装本，但对于流行小说，除了在图书馆，精装本几乎消失。甚至图书馆都订购了大量的平装本小说，部分原因是它们比较便宜而且可以在相对较短的时间内被取代；另外则是因为它们看上去并不正式，更容易吸引读者。2000年，美国成年、青少年以及大众市场的平装本图书的销售总量达到42.13亿美元，而成年、青少年的精装本图书只有38.88亿美元。我们无法获得英国当年相对应的数据，但它在1999年前100本畅销平装本的零售总额达到137 600万英镑。

图书并不是出版业的唯一产品。其他最重要的形式当属杂志和报纸。它们的共同特征是连续出版，可以每天出版一次，也可以每年出版两到三次。杂志的周期比较长，一般是一周或一个月，而报纸通常是一天或至多一周。关于连续出版物（这个术语可以有效地囊括所有的产品形式）的系统分类并不简单，但是经验主义的方法可以为我们提供一个较为实用的分析。[1]

---

[1] 图书馆员出于分类的目的，对连续出版物作了较为复杂的定义。这里我们并不需要关注这些定义。我要强调的是将年鉴与其他连续出版物独立出来，这具有一定的商业意义。因此，本节所提到的期刊的出版周期小于一年。

大众类杂志可以在报刊经销店、机场火车站的书报摊以及一些书店购买到。主题和刊名多种多样，而大型连锁报刊经销店和书店所采用的分类方法在一定程度上也体现了书业对期刊业的认知程度。在历史上，女性杂志的销量较好，实际上目前一些女性杂志仍然如此。杂志往往比图书更关注时尚和流行口味。传统以及当代的女性杂志都瞄准年轻人的市场，并潜移默化地渗透进以家居装饰、园艺和烹调为主题的生活类杂志。和这些领域的图书一样，一些期刊名也和特殊的电视节目或名人挂钩。专门面向男性的当代杂志起源较晚，可以追溯到 1988 年 *GQ* 杂志的出版。它们在 20 世纪 90 年代增长得极为迅速，目前已经成为市场的重要组成部分。面向男性和女性的杂志不属于同一性质的类别，它们在风格、内容和目标市场上存在很大的差异。然而，在寻找男性或女性读者的同时，它们将杂志的目标市场定位为小众市场和次要市场。这一点可以通过报刊经销店的任一书架显示出来。

特殊兴趣杂志可以覆盖几乎所有可以想象到的人类活动。其中最突出的是有关业余爱好的杂志，以及一些逐渐转入专业和商业活动等内容的计算机杂志。有面向铁路观测者、邮票收集者、野鸟观察者、摄影者的杂志，也有面向青少年、老年、少数民族、某个宗教的信徒、同性恋的杂志。甚至一些杂志的语言，尤其是图片行走在法律可接受的边界线上。也有一些较为严肃的杂志，如美国的新闻杂志《时代》（*Time*）和《新闻周刊》（*Newsweek*），欧洲的同类杂志《明镜周刊》（*Der Speigel*），以及不同性质但具有同样影响力和权威性的英国周刊，如《经济学家》（*The Economist*）、《新政治家》（*The New Statesman*）和《旁观者》（*Spectator*）。文学杂志也大量存在，有些规模较小而且是非公开发行的，但是像《文学评论》（*The Literary Review*）、《泰晤士报文学增刊》（*The Times Literary Supplement*）之类的杂志却可以在连锁报刊经销店的大部分分店找到。简而言之，期刊业和图书出版业一样变化多端，而且在销售数量、购买者、读者数量上远远超过图书。

然而，在这些杂志中被最广泛购买的类别当属提供电视节目目录的杂志。如《天空电视指南》（*Sky TV Guide*）、《电视指南》（*What's on TV*）和《广播时代》（*Radio Times*）等在诸多杂志中被超过 5% 的英国人阅读。《天空电视指南》拥有 12% 的读者人数，占据榜首；其他超过 5% 的只包括两种大众类杂志:《男人帮》(*FHM*)(8%)和《妇女界》(*Woman's Own*)(6%)。然而,我们应当区别发行数量与销售数量。许多发行最广的杂志要么是免费的,要么会自动寄送给特定组织的会员。2000年,英国前10种发行量最大的杂志中有9种杂志就是如此,该目录的榜首是*AA*杂志,它被寄给该组织的440万会员。[1] 其他7种杂志是连锁商店的免费杂志,其中5种属于超级市场,另外2种则是面向某个服务(天空电视)或组织(英国国家文物托管基金会,National Trust)的订阅者。唯一一个收费的杂志是《电视指南》,平均每周销售170万本。只有4种杂志销售量超过100万。[2] 最受欢迎的女性杂志的销量一般在50万,1~2种生活类杂志的销量大约为40万,或者说一般不超过30万。特殊兴趣杂志,即使是有关最流行的兴趣,销量很少能超过10万。一个特例就是销量较好的计算机杂志《计算机世界》(*PC World*),销量为12.8万。销量最好的体育杂志是《马和猎狗》(*Horse and Hound*),其次是《垂钓时代》(*Angling Times*),分别是6.7万和6万。所有这些都无法超过《经济学家》(*The Economist*)(40万)和《新科学家》(*New Scientist*)(13.6万),甚至也超不过《私家侦探》(*Private Eye*)(17.5万)。[3]

周刊和月刊的发行量从几百万到几千,这对于期刊出版和一般大众图书来说是基本相同的,而且它们在学术以及我们之前提到的历史等一般学科上的边界越来越模糊。我们可以在上万种学术期刊中发现STM类和专业图书的身影,这些杂志大多为一般大众以及非自己特定领域的学者所不熟悉。它们是研究团体的命根子,有重要的商业作用,并正经历着革命性的变化。任何有关出版的研究都无法忽略它们。正如我们所看到的,一些学术期刊是由大众出版商出版的,但是大多数是由学术团体直接出版,或通过大学出版社以及其他出版社出版。极少数杂志的发行可

---

[1] 有关期刊、报纸发行量的数据来自发行量审订局,可从它的网站进行查找:www.abc.org.vk/cgi-bin/cookie/ab.pl。

[2] 这4种杂志分别是:《广播时代》(*Radio Times*)、《有线电视指南》(*Cable Guide*)(这两种都是电视节目杂志,分别是周刊和月刊),《休闲》(*Take a Break*)(女性杂志),《传奇杂志》(*Saga Magazine*)(面向退休人群),《读者文摘》(*Reader's Digest*)。

[3] 此处不再对这些统计数据(因为至少要追溯50年)作进一步研究。然而,对此作研究也是具有一定价值的。

以超出学术界，或者可以和科学交流系统一样在公共领域占据一席之地。也许其中最有名的是英国期刊《自然》(*Nature*)，它由麦克米伦出版公司于 1869 年开始出版周刊。它是英国科学家发表他们最新成果的传统阵地，而且被主流纸质媒体和广播媒介定期报道。美国的同类杂志《科学美国人》(*Scientific American*)更为知名，有时还会出现在报摊和书店。

学术期刊上的论文通常是学者的成果。它们一般会建立在原创性研究的基础上，或者对既有知识进行重要且权威的重新解释。而且，其中少量的论文会成为它们各自领域的重要作品，一些论文中的成果还会被吸收到新一批的教科书中。更多的论文会在它们被取代之前的几年内被学科内、也可能包括大学生们广泛地阅读。绝大部分杂志只被少数的业内专家阅读，学者们会大量储存这类杂志。实际上他们的升职，尤其在自然科学领域，几乎完全依赖期刊出版物。人们发明了很多方法试图量化论文的影响，包括有关论文被引用次数的索引，对论文如何得以出版的分析和期刊本身的发行量。这些方法都是有趣的，但也存在不少问题。

作为出版物，所有通过商业方式出版的学术期刊较为明显的特征是它们的发行量很小，并有昂贵的价格。在自然科学领域，订阅额超过 1 万美元的医学和法律杂志都是非常知名的。它们的价格以每年 20% 的速度增长，而且这种现象已经持续了十年之久。价格持续增高的趋势随着期刊的增生而日渐恶化。由于科学家越来越专业化，出版商开始为一些新的专业创建新的期刊，甚至只是迎合了世界上仅几百人的读者。当这类期刊由大众出版商出版时，价格就不可避免地升高。在一定程度上，主流科学杂志的价格会被控制在更为合理的水平上，因为它们多数是由学术团体出版的。实际上，作为这个领域人们的专业需要，甚至是正常的需求，会员的订阅可以维持期刊的开支，从而资助了出版过程。当然非会员也是可以获得这些杂志的，更重要的是，图书馆通过交纳订阅费也可以获得。除了本章中经常提到的英国皇家化学学会和物理学会等组织，在人文学科也存在着类似的团体，其中最大的当属美国的现代语言协会，它所出版的杂志长期以来一直是文学和语言学习等学术出版系统的基石。位于大众出版社和学术团体之间的是大学出版社，它具有两者之间一些共同的特点，然而近年来它自身也存在一些困难，杂志的价格经常和纯商业机构的产品一样贵。最后，还存在一些不追求利润的公司和合作团体，使得科学家成为他们自己的出版商。

对于学术期刊在数量和价格上无法控制的增长趋势，学者、科学家和图书馆员应当和出版商一起承担责任。学术任命和升迁评价的整个系统，以及英国将出版物视为一种评价和资助大学机构的评价方式，促使学术界设法多出版。较常见的方式是一种被称为"切香肠"的不光彩行为，也就是作者将可以发表的一篇研究成果分成两篇、三篇，从而增加发表的次数。同时，图书馆员接受学者和研究者的要求，订阅相关期刊、索引和文摘。因此形成了恶性循环。只有各个群体之间更紧密地联合才可能避免这种现象。我们也可以看到，电子期刊的发展无疑也为这种恶性循环提供了机会。

相对于流行杂志或学术期刊来说，报纸的种类更简单些。它无非是日报或周报。在英国，日报一般是从星期一至星期六出版，星期日报纸是周报。[1] 在其他国家，形式更加多种多样：有些采用英国的模式，其他则采用美国以七天为一周的模式。报纸包括全国性的和地方性的，在英国这种区别比较明显，美国则不然。除了相对较新的报纸《今日美国》(*USA Today*)，在美国并不存在任何英国意义上的全国性报纸，不过一些主要城市的报纸也在许多其他城市发行，刊登重要的国家和国际信息。和多数欧洲国家一样，英国的地方报纸基本由地方新闻统治，并在整个地区发行。它可以是一个较大的城市、小镇，或者是一个地区或分区。英国的地方日报一般在下午或晚上出版，而在许多较小的地方一般是周报。

全国性的报纸在英国和国际出版业中占据非常重要的地位。目前，统治全英国报社的集团也是图书和期刊领域的主要出版力量。其中一些还在地方性报纸出版上拥有较大的所有权。然而，报纸已经在很大程度上实现了独立编辑，尤其是决定处于何种政治立场。实际上，也有同一集团的报纸在英国的一般选举活动中支持不同的政党，但一些较强大的经

---

〔1〕 当然，也有同时拥有日报、周报和一些共同的名字。最明显的例子就是《每日快报》(*The Daily Express*)和《星期日快报》(*The Sunday Express*)、《每日邮报》(*The Daily Mail*)和《星期日邮报》(*The Mail on Sunday*)、《独立报》(*The Independant*)和《星期日独立报》(*The Independent on Sunday*)之类的组合。《泰晤士报》(*The Times*)和《星期日泰晤士报》(*The Sunday Times*)虽然同属于新闻集团公司(News Corporation)，它们的经营却是独立的；相反地，《卫报》(*The Guardian*)(日报)和《观察家报》(*The Observer*)(星期日报)也属于同一个公司，在同一个印刷厂印刷。

营者可以对此施加一定的影响。一般来说,当地报纸不会偏向于某一个政治阵营,除了一些当地事务。

报纸可以从内容、周期或者市场角度进行分类。在过去的三十年中,英国报纸的版式也开始发生变化。大开报纸一般比较严肃,如《泰晤士报》(*The Times*)、《每日通讯报》(*The Daily Telegraph*)和《观察家报》(*The Observer*),一般有6~7个专栏,平均20多页,而且通常划分成多个部分。内容包括新闻、评论以及覆盖诸多学科的特写,并严谨地报道国内和国外政治活动。发行量既可以达到100万,如《每日通讯报》;也有不足它的四分之一的,如《独立报》(*The Independent*)。从统计数据来看,2000年只有54%的成年英国人(超过16岁)定期阅读日报。《太阳报》(*The Sun*)的读者只有略超过五分之一的英国成年人(即21%,包括24%的英国男性,以及17%的女性)。《独立报》和《金融时报》(*The Financial Times*)的读者量只有1%,而《每日镜报》(*The Daily Mirror*)和《每日邮报》(*The Daily Mail*)分别为13%和12%。[1]

英国的全国性报纸并不是大报,有时还表现出小报的特点。它们页面的大小大约只有大报的一半,并充分利用照片和其他图片资料,更注重特写和体育内容,而不是大报的记者所报道的重要新闻。然而,在这些小报之间也存在着差别。其中至少两种报纸定位在相对保守的中产阶级市场,而且它们要和一些大报共有一部分读者。如《每日邮报》、《每日快报》(*The Daily Express*),以及侧重于政治内容的同类报纸《每日镜报》。这些报纸与迅速增长的用词简明且配有大量图片的小报不同,以周日的《太阳报》和它的周日同类报纸《世界新闻》(*The News of the World*)为代表。[2] 它们很少报道重大新闻,大多是有关媒体和体育界名人的杂谈丑闻。它们更依赖于用照片来填充页面,因此这使得擅长拍摄富人名人等

---

〔1〕 数据来源于《社会趋向》(*Social Trends*)2001年第31期,第227页,表13.7。此表中的数据并没有显示出报纸之间的重叠部分。事实证明,59%的男性阅读一份日报,而阅读每一份日报的总比例达到80%。从中无法得到更为详细的结论。然而,从广义上来看,高达20%的成年男性阅读不止一份报纸。而女性只有10%,阅读报纸的女性读者比男性要少。文中的《太阳报》就是较好的例子。其他报纸中男女比例超过1%的有:《每日通讯报》(6%和4%)、《泰晤士报》(5%和3%)和《明星报》(5%和2%)。

〔2〕 它们都属于拥有《泰晤士报》的新闻集团公司。

非正式照片的摄影者(一般无固定职业)有了用武之地。虽然它们自认为具有重要的影响力[1],然而事实证明它们的影响正有所下降。当然,读者数量也表现出长期的下降趋势。1981 年,英国 78% 的男性和 68% 的女性定期阅读日报,1998—1999 年度分别下降到 60% 和 51%。

表 3.1　2000—2001 年度英国日报的发行量和读者量

报　名	平均发行量(单位:份)	读者量(单位:人口比例)(%)
太阳报(*The Sun*)	3 498 974	21
每日邮报(*The Daily Mail*)	2 415 943	12
镜报(*The Mirror*)	2 179 105	13
每日通讯报(*The Daily Telegraph*)	1 018 088	5
每日快报(*The Daily Express*)	974 158	5
泰晤士报(*The Times*)	718 536	4
金融时报(*The Financial Times*)	486 366	1
卫报(*The Guardian*)	399 295	2
独立报(*The Independent*)	224 832	1
明星报(*The Star*)	969 993	

在表 3.1 中,列出了英国全国性日报的发行量和读者数量的有关数据。它体现了英国报纸业的一些特点。其中阐明的最重要的一个现象是《太阳报》的读者达到 21%,同时也清楚地说明了其他报纸的读者量。大量的读者以及购买量是报纸业的一个重要因素。对于一些报纸来说,大销售量虽然无法导致大阅读量,然而可以促进发行量的增长。它们可以被销售到连锁酒店、铁路运输公司和航空公司,从而将大量互补性的报纸提供给它们的消费者。《每日通讯报》和《金融时报》可能是由此获益最大的。

对报纸出版以及报纸的内容和影响的研究在报业中是一个重要的主

[1] 在 1992 年的英国选举竞争中,《太阳报》支持保守党,最终保守党获得胜利,而之前具有较高期望值的工党落败。之后,有报纸列出大字标题《〈太阳报〉押对胜利方》。

题。在出版业，尤其是英国的出版业，它的重要性在融入整个出版业的过程中凸显了出来。联合出版集团不仅涉及期刊、图书出版业务，也包括报纸出版。虽然它们彼此之间是独立运作的，同时在集团内也是相互支撑的。它们不仅贡献了大量的利润，而且当它们在证券交易所的股价抬升时，可以进一步保持公司在商业市场的稳定性。它们共享一些零售点，从而促进整个出版业向市场的渗透。它们也面临一些相同的问题：如来自新媒体的竞争、青年人中阅读人口的下降以及读者群的老化等。在研究英国出版业时，应当考虑到这些因素。

出版内容的来源

任何出版的作品必然是由某个人撰写的。如一篇正式的报道、当地报纸上一篇匿名的地区新闻、一篇科学论文或者一本诗集。然而，一般来说，我们可以认为一些写者就是作者，但这两个概念有很大的区别。作者和出版商之间的相互作用是出版业中的关键关系之一，我们将在第四章作进一步的探讨。写者与虚幻文学作品或一般大众图书的单个作者不同，一些写者不直接和出版商打交道，而是由期刊或专论集的编辑来与出版商联系。和许多报刊的新闻记者一样，一些写者是由出版商雇用的，其中也有不少自由作者，他们可以向多个出版物提交作品。然而很多写者的写作并不体现出个人的能力，而只是作为一个组织或公司集团的雇员。一些内容是委员会或非正式的群众团体写的，因此无法将主要贡献归功于个人。实际上，作出这种归属也是不恰当的。所有这些模式对出版物的形成产生了较大的影响。在这个部分，我们将更为详细地分析出版物的来源，从而在第四章中研究出版商将作品推入公共领域的过程。

当然，最为人熟知的模式就是单个作者，然而作者也不可能不受到其他人的影响，即使是创造型写者。尽管这个模式较为普遍，但它并不是最主要的。表3.2将多种著作方式和作者的作品作了对应比较。然而，有关作品的列表并不详尽。在表中前两行我们可以看到一些比较明显的例子,如单个作者的教科书、两位作者合作的一般大众非小说。当然这种概括也掩饰了一些较复杂的关系。比如科技期刊的单篇文章通常会有多个作者,这在一定程度上与多个作者的图书形式具有一些共同的特征。报纸和大众类杂志属于不同的编辑方式,但它们在著作方式上有一些共同的重要特点。例如,一些作者和报纸记者一样是出版单位的全职雇员,其他则是自由作者,他们可以主动地提交作品,但更多地是定期或不定期地被委托写特定的稿子。换句话说,我们不仅要关注出版物的形式,还要关注作品本身的创作。

表3.2所隐含的关系比较复杂。在作者和产品之间还存在出版商。正如我们在第一章中所提到的,出版商的角色就是从作者处获得作品,然后再将它转化为产品。然而,我们也应当看到,他们之间的关系远不止这么简单。我们将在第四章中从作者的角度对此作进一步的探讨。这里,我们从负责出版物的个人和机构,以及他们的潜在目的这个角度来思考出版物的来源。

表3.2 作者及其作品

著作方式	代表作品
单个作者	小说、诗歌、一般大众非小说
两个以上署名作者	STM类图书、中小学或大学教科书
多个署名作者和一个署名编辑	会议录、论文集、大众类杂志
多个署名作者、一个署名编辑和多个署名编辑顾问	科技或学术期刊
多个署名或匿名的作者和一个匿名编辑	报纸
匿名的介绍文本或某署名人认可的文本	公司报告、政府出版物
匿名文本	官方文件

由单个作者创作的图书与多数出版物基本一样,要比看上去的简单。一些图书在创作完成之后,会投稿给一个或多个出版商。一些出版商非常明确地表明,他们不会考虑这样的作品。其他出版商则声称会翻阅,尽管他们的阅读是粗略的,只有极少数主动提交的作品会被考虑出版。20世纪下半叶,对主动投稿作品的接受以及认真阅读的程度迅速地下降。

20世纪80年代早期,相当大比例的美国编辑被报道在某年没有接受任何一部这类作品。小说尤其是作者的第一部小说和诗歌是唯一可以通过这种方式得到出版的类别。能够出版的投稿的作品通常出现在学术和科技期刊上,而不是在书店的书架上。尤其是英美学术界的职业机构极为依赖出版物,甚至导致了多余的出版物。论文一般是由参与研究项目的人员撰写的,并被投稿到一个适当的期刊上,从而能够得到编辑或独立审稿人的仔细考虑。

图书经常是约稿完成的,这在非小说上比较普遍,甚至在小说领域也开始普及。个人独立思考而完成的作品与约稿完成的作品之间存在着基本的区别。后者对作品的长度、主题、深度和时间都是事先确定好的。换句话说,这个行为表现了专业的编辑对于作者专业水平的期望。他们之间的关系一般是通过正式的合同加以规定。越来越多的文学经纪人开始代表作者,调和作者与出版商之间的关系。虽然经纪人自19世纪晚期就已经出现,然而他们的作用通过近几年出版业的变化而得到了加强。大型跨国公司目前主宰了英语世界的大众出版,它们对于单个作者,尤其是新手而言显得比较强大,从而有可能导致这样一种不良局面:即作者忽略作品的出版过程。而经纪人正是有效地调整了这种平衡,越来越多的作者(不仅仅是小说作者)开始利用经纪人以便从作品中获得最大的经济收益。出版商并不总是欢迎经纪人[威廉·海尼曼(William Heineman)就拒绝经纪人进入他的办公室],也有证据表明经纪人越来越多地取代了原本出版商的编辑所承担的咨询角色,从而造成了两者关系的日益紧张。

正是这个约稿过程,导致了多个作者合作的图书的诞生。最简单的例子就是对单个作者约稿方式的延伸。两个以上的作者同意共同编写一本书,对这本书他们拥有均等的责任。写作过程很大程度上是由他们自己决定的,通常会指派其中一人和出版商打交道。约请一位作者编辑或编纂一部多作者的书是相当复杂的,事实也反映了某些约稿过程。在近二十年的学术出版中,一册拥有10~12章节的图书一般会采用每章由不同的专家编写的方式。通常情况下,是由出版商的图书编辑确定每一章节的作者,并代表出版商约请他们编写。编辑是唯一与出版商和作者都打交道的人,实际上他们代表了出版商的立场。一些作品甚至更为复杂,如百科全书和其他参考工具书，有的是匿名的，有的则是署名的。在学术界，这导致了情况的复杂性，尤其是单个作者要求对个人贡献表示致谢。

尽管所有的纸质文献是由某人编写的，但大多数是无法只归功于个人的。最普遍的例子就是报纸，很多报道归功于通讯社，如“通讯员报道”（这在二三十年前比较流行），或是没有署名（这意味着它是由某个职员编写的，通常为初级记者或实习生）。这些匿名的内容意味着将由整个机构而不是由单个或多个署名作者对此承担责任。[1] 然而这并不表示没有任何署名。一个公司或公共机构的年度报告可以在开头署上机构的名字。甚至一些政府政策文件的前言中会有相关部长的署名。然而，实际上大多数文本是合作完成的，它由机构的各个部门的人员草拟，然后由一个小组或单个人整合，最后由董事会等组织同意出版。因此由整个机构承担共同的责任，并拥有版权。如果没有具体的作者名，这很有可能意味着存在多个作者。当然，这只是视为员工的工作，而不是个人的创作，所以除了正常工资外不给予额外的报酬，也不拥有任何著作权。

当然，也存在没有任何署名的出版物。其中最大、最重要的类别就是各级政府部门、国际组织或其他类似机构的官方出版物。之所以称之为官方出版物，是因为它们代表了机构的观点，而不是其中任何个人的观点。官方出版物和半官方机构的出版物在图书出版和销售等领域不具有任何的商业意义。其中一些确实销量较好，而且可以从很多书店获得，如由英国皇家文书局（HMSO）出版的《英国交通法规》（*The Highway Code*）长居畅销榜。尽管大多数官方出版物是面向专门的图书馆的，另外一些仍可以通过正常渠道进行销售，同时获得一定的收入从而维持其在一般图书业的发展。

〔1〕 图书馆员对这里的“责任”概念进行了更为深入的探讨，并对图书馆类别中的合作作者制定了相关的规则。可参见迈克尔·高曼（Michael Gorman）的《英美编目条例》（*The Anglo-American Cataloguing Rules*）第二版，LRTS 出版，1978 年版。

出版内容的形式

出版的作品来自于各种各样的背景。为了深入理解出版业及其更容易交流的过程，我们有必要采取一种综合性的观点。一个大型的书店一般会有 20 000 多种图书，大多数的订购册数较少。而一个较大的图书连锁店的店内和仓库储量可达到 50 000 种。以上数据都比较大，然而在第二章中我们提到的图书生产量统计并没有涉及这些数据。我们在书店的书架上可以发现成千上万的一般大众图书，包括小说和非小说，它们来自不同的地方，并通过不同的途径运输，通过各种渠道进入市场和到达读者手中。

当然，所有出版物都存在一些共同的特点。最重要的特点就是它的特殊媒介形式。纸张业和印刷业是一个大规模产业，图书出版只占其中较小的比例，它会集中在少数几个专门的公司手中。较大的部分是期刊和报纸的印刷，然而实际上，印刷业的主体业务围绕着宣传材料及产品包装。忽略内容的来源及到达最终用户的渠道，所有的出版内容都要经过印刷机，大多数还要经过某种装订机。可以说，官方出版物、报道性文献等隐性产业支撑了大众出版的显性产业。

在西方世界，纸质印刷成为五百年来最普通的出版形式，并成为三百年来最实用的一种形式。在那个阶段，虽然排版、印刷和装订技术发生了诸多变革，但图书的基本形式没有改变过。1501 年印刷的图书与 2001 年印刷的图书基本无异，只是在印刷样式和设计上有所区别。图书的视觉效果和实体形式发生了改变，但是基本的版面设计和经济原理始终如一。然而，1980 年前后，印刷型图书第一次在它的领域受到了严重的挑战。新媒体经过了数十年的发展，电影、广播和电视在娱乐市场以及教育市场上先后成为图书的竞争者。但是，任何形式都无法取代印刷型图书在自己领域的核心作用和特点，如连贯、多元化的叙述方式，即时阅读和长期使用，方便携带，生产购买成本的相对低廉，等等。在 20 世纪的最后二十年，对于图书的挑战开始大量地涌现。首先在教育领域，接着各种形式的数字媒体开始逐渐地进入市场。从20世纪80年代的CD-ROM到90年代晚期在互联网上出现的开放出版物，我们可以发现存储和信息传播变革对出版业核心所产生的现实威胁。如果不考虑21世纪初出版业所使用的纸质和其他各种印刷形式，有关出版形式的调查就算不得全面。

我们并不需要特别关注技术。出版是和产品相关的，而不是生产过程。然而，我们仍需要研究生产的经济过程，因为它对于出版业来说是至关重要的。

几个世纪以来，印刷生产的经济学在出版业得到了深刻的理解。印刷型出版物得到了大规模的生产，每种出版物以相同的印数出版。它也从大规模生产的基本原理中获益：更多的印数意味着更便宜的价格。这个等价式的基础在于生产成本是固定的，并且不考虑生产线流出的同一产品的数量。每一个产品都会产生一些额外的成本，如材料和存储等，同时它们也存在固定成本。图3.1对印刷型出版物的生产、销售和发行成本中的各个因素进行了简单的分析。

固定成本
编辑
设计
排版
校对
营销

变动成本
纸张
印刷
装订
存储
发行
销售
版税

图3.1 出版成本

固定成本和变动成本之间的区别是出版经济学中的一个基本要素。其次，只有剔出所有成本之后，新书才有可能产生利润。正因为如此，图书出版业与其他大规模制造业有着明显的区别。与汽车这个原始模型之间的比较可以说明这一点。与图 3.1 中出版商的固定成本相对应的，汽车制造商的固定成本包括汽车的机械和美学设计、生产线的重组、新车模型的投放市场等。这些成本都是在创造利润之前产生的。然而，在汽车投放市场之后，生产线会继续生产同一类型的汽车，也许会持续很多年，同时会有相同的连续销售过程，从而获得收益以维持汽车的继续生产。变动成本包括生产汽车的原材料、工作人员的工资、销售成本等，同时它也抵消了在前一生产阶段制造汽车所带来的收益。然而，在出版领域并非如此。

一般图书只印刷一次，而出版商的技能之一就是较为准确地计算能够销售的册数。大多数一般大众图书的精装本印数约为 5 000 本，而一些学术专著只有 500 本。一些销售得比较好的图书则可以超过 10 000 本。平装本的数量相对要大得多，一些大众市场平装本的印数可以超过 100 000 本。当印数是 100 本、1 000 本、10 000 本甚至 100 000 本的时候，在销售之前就会产生固定成本，以及许多变动成本，如材料（纸张和装订）、直接生产成本、许多初期发行成本（如仓库）、几乎所有宣传和销售的直接成本（如广告）。它们之间的关系可以在表 3.3 中表现出来。

表 3.3　固定成本和单位成本

活　动	成本（货币单位）	单位成本——1 000 本印数（货币单位）	单位成本——10 000 本印数（货币单位）
编　辑	20 000	20	2
设　计	2 500	2.5	0.25
排　版	15 000	15	1.5
校　对	2 500	2.5	0.25
营　销	20 000	20	2
总　计	60 000	60	6

表 3.3 中的数据只是出于说明的目的，但同时也强调了单位成本和

印数之间的反比关系。在此基础上,如果为了抵消1 000本图书的固定成本,出版商获得的最低收益必须超过60个货币单位;如果印数是10 000本,这个数字将降至6。当然,在实际生活中,流通过程更加复杂而且是不能精确计算的,还需要考虑其他一些因素。例如,如果价格下降,销售量是否上升;如果印刷2 000本,并以每本40个货币单位的价格销售出1 600本,这样可以获得64 000的收益。因此出版商可以考虑以各种方式来降低固定成本。专题类图书只需要少量的专门广告,因此它的市场宣传成本得到了下降,只需要支付印制图书目录和寄出小部分赠送的图书作书评之用的一些费用。如果坚持让作者提交磁盘格式的稿件,这样就可以降低排版和校对成本。不管怎样,基本的等式仍然是成立的:印数越多,单位成本越少。

当我们在考虑出版形式时,必须要考虑这个基本原理。最基本、最熟悉的形式变化就是精装本和平装本。精装本是图书最传统的形式,而且多数出版商、许多图书零售商、图书馆员和一些读者仍认为它是一种标准形式。人们预测,所有的新书在平装本出现之前,将以精装本的形式出版。书业的传统观点认为,如果不首先出版精装本,那么图书就不可能成功。这种猜想部分是出于经济角度的,另一部分是出于威信和成见。然而,确实可以从2 000本精装本的销售中获得相当好的利润。而且在近期,相对于平装本,精装本更容易成为书评的对象。然而,从20世纪70年代开始,精装本开始逐渐成为出版商在市场上试验新书或新作者的一种手段。平装本的版权也成为精装本出版商和作者收益的一个重要组成部分。20世纪80年代早期,出版商开始自发地降低小说或一般大众非小说以平装本出版的首印量。20世纪80年代末,据估计只有60%~70%的新书以精装本出版,首先以平装本形式出版的比例却在飞速地增长。同时,图书馆员也开始趋向于平装本,部分是出于费用的原因,但也是因为它们对顾客具有更大的吸引力。最近有人争论,全价的精装本小说只适用于有所建树的作者。尽管这个观点具有争议性(至少从对书店的观察来看不是如此),然而它说明了在相对较短的一段时间内观念的戏剧性变化。甚至偏向于精装本的社会和文化观点也开始大规模地消失。在大型报纸中开始定期地出现有关平装本的书评(不仅仅是集中出现在几个"新平装本"专栏中),而且平装书经常成为位于大街的书店橱窗展示和店内宣传中最显著的亮点。

也有观点认为,平装本目前成为英美的大众类图书出版中极为重要的形式。而畅销书排行榜也提供了较有价值的数据信息。在某一周,《书商》(*The Bookseller*)统计的前 100 种图书中只有 7 种是精装本,其中只有 3 种是小说。[1] 平装本在小说市场上的统治地位已经存在了较长的一段时间。实际上,这种长期存在的现象拥有自身的标准和惯例,不仅仅因为它的实体形式。所谓的 A 版式开本较小,而且自从 20 世纪 30 年代以来就没有改变过[2],它被使用于大众市场平装本,并期望从每次印数中至少销售 10 000 本。而对于更多的推上市场的图书而言,会使用较大的 B 版式,人们认为它享有更高的声望。然而,平装本不仅仅在小说领域占据统治地位。最成功的一般大众非小说也希望通过平装本进一步地销售,而大学教科书可能将只通过平装本的形式渗入学生市场。平装本对于消费者的吸引力当然就是低价格。但是,只有极小部分的精装本与平装本价格间的差异是由于使用材料之间的区别导致的。实际上,对于 B 版式的图书而言,纸张一般是和精装本相同的,而且有可能是来自同一印刷批次。实际的区别在于巨大的印刷量和销售量导致的单位成本。在某一周,销量靠前的大众市场平装书在之前的 3 周共销售了 21 639 本,销量最好的原创小说在同一时期销售了 7 242 本。[3] 但销量最好的平装本非小说远远地超过了以上数字,它在第一个星期售出了 9 531 本。相反地,除了一种书外,没有任何一本精装本小说的销量超过 2 506 本,而排行榜上的第 10 名在 8 周内也只销售了 895 本。价格间的区别既是这些鲜明对比的起因,也是结果。一般这些排行榜上的精装本价格在 12.99美元与 20.00 美元之间,而最贵的平装本非小说只有 11.99 美元,大众市场小说的价格只有 6.99 美元。换句话说,对于类似的图书,平装本的价格只有精装本的一半。

平装本在大众市场和学生市场的优势对整个书业都产生了重要的影

〔1〕 其中两本小说的作者是新锐派的托尼 · 帕森斯(Tony Parsons)和尼克 · 宏比(Nick Hornby),另一个作者是大受欢迎的科幻小说家泰瑞 · 普莱契(Terry Pratchett)。

〔2〕 为了适应向公制尺寸的转变,发生了一些较小的变化。

〔3〕 是指 B 版式的文学小说。

响,而不仅仅对书商,我们将在第五章中提到这点。它更容易被用户使用并物有所值,而且是在不稳定、变化多端的市场上与其他消费类商品竞争的理想的图书形式。在学术市场、STM 类和专业出版领域,平装书同样占有一席之地。这也是经济推动的结果。许多年以来,较富有和有雄心的图书馆一直购买多种多样的图书。它们对于上涨的价格和下降的预算的处理办法之一就是购买 B 版式的平装本。平装本的相对短寿并没有它表面看上去那么重要。在教科书被定期更新的领域,一个版本的书架寿命可能只有两年。一本质量较好的平装本甚至可以被学生用两个学期。多数图书馆现在会定期处理过期的图书,尤其是当一个新版本出现的时候。20 世纪 90 年代,平装本也开始在之前未知的这个领域寻找到一个重要的市场机会。

印刷型的出版经济学在参考工具书和学术期刊的定价上也极具戏剧性。在本章之前所提到的有关图书的原理同样可以应用到连续性出版物上,只是时间尺度有所不同。报纸的货架期可以是几个小时、一个星期、一个月,或者是几天、两三个星期等。学术期刊一般是季刊,在理论上寿命更长些,然而在实际中通常是在印刷之前就进行订阅。所有报纸、许多周刊以及一些月刊都较大地依赖于广告收益,从而控制成本,并以较低的市场零售价刺激销售。虽然学术期刊也可以吸引一些广告,比如本领域的一些图书广告,但它们大多是依靠销售产生利润。在很多情况下,学术期刊的销售量是以百而不是千为单位来计算的,因此它们的价格不可避免地较高。图书馆作为学术期刊的主要市场对象,越来越难以甚至不能支付这些较高的价格,要求改变这种情况的紧迫性也愈加剧烈。

在学术期刊领域,印刷型出版于 20 世纪 90 年代开始面临最严厉的挑战。目前,有关出版物形式的研究只有涉及电子出版才算完整。电子出版包括很多种形式,而且实际上是一个全新的领域,对它的定义仍不明确。从我们的角度来看,应当采用较广泛的定义,从而包含各种电子形式和传输方式。电子出版最普通的传播媒介是 CD-ROM,人们对它比较熟悉,因此我们也不作详细的描述。CD-ROM 只是一个载体,它传播的内容是数字数据格式的,包括文本、图像、视频、声音,它可以是其中一些或全部的组合,这些内容也可以通过其他方式获得。一旦创建了数字文件,之后就是进行存储和传输。因特网上的出版内容一般是通过万维网进行传输,而且在目前极为普遍,尤其是学术期刊文献。电子期刊目前就是通过这种方式传送,订阅者可以在基于计算机的工作站获得他们所选择的内容,从而下载后作本地存储、未来使用或印刷。电子图书在近期得到了较快的发展,而相对应的阅读器目前还正处于市场开发阶段。

从20世纪80年代中期起,人们就对出版的电子数字传播方式的潜在影响作了较多的思考,同时产生了不少忧虑。直到90年代中期,随着万维网的出现和电子传播方式在学术界的普遍使用,一些设想得以在商业上和技术上实现。通过使用计算机进行图书和期刊编辑开始于20世纪80年代早期。到90年代中期,已经出现了一些范例,如期刊的印刷型和电子型平行出版而且可以传输至图书馆,但是目前仍存在一定的问题,例如,图书馆员还不具备相对应的技能。这类尝试的技术性成功导致了一些争议,有些评论员认为出版过程并没有发生根本性的变化,印刷型和电子出版物仍然是免费赠送并同步发行的,出版商的传统角色也没有发生改变。其他评论员则认为电子出版只是改变了文件传输方式,而并没有彻底地改变出版。

然而,实际操作与试验和预想存在着较大的差异。学术期刊的平行出版仍继续存在,而且似乎会持续较长的一段时间,这种方式也被认为最符合学术市场的需求。同样地,平行出版也开始广泛应用于参考工具书,一些出版商正将他们的重版书数字化。一些出版商开始开发学生使用的电子教科书,而且已经开始试验电子图书在文学小说领域内的作者和读者互动的能力。在其他一些领域,印刷型出版物已经被遗弃,一个商业信息的主要出版商已经决定全面地转向电子出版,其他出版商也必然会跟随其后。所有这些部分或全部转向电子出版行为的普遍特点,表现出的潜在经济效果是不同的。一般来说,销售的不再是一个实物,如一本书或期刊,而是访问数据库的权利。它可以给予订阅者无限次访问的许可,也可以对每次访问采取收费的方式。然而,仍需要一小部分的订阅量以确保出版物继续生存。但也有人认为,通过减少印刷型产品的生产量和发行量,费用可以保持在一个较为合理的水平,从而避免目前许多印刷型期刊价格过高的情况。

伴随着这些出版和发行领域的技术性转移,出版文化也发生了许多重要的变化。远不同于五百年来其他技术的发展,电子出版对作者、编辑、出版商、图书馆员和读者之间的关系产生了重要的影响。出版过程中各个角色之间的关系也在根本上发生了变化。在下一章中,我们将以本章中集中讨论的各种出版形式为背景,继续讨论这些关系。

4 出版过程

引　言

出版业的规模和多样化并不能掩盖这样一个事实:所有出版物,无论以何种格式或媒介形式存在,都是一人或多人思想的结晶。版权,以及更广泛意义上的知识产权,都是在对这一简单道理的认识上发展起来的。即使是最普通的作品都有知识来源,如果没有写作或其他形式的创作就不可能有出版工作。因此,出版工作开始于作者。当然,除了出版物的创作,还需要一个将其传播给预期接收者的过程。然而,出版的本质在于将这些出版物传播至公共领域;因此,从创作者到接收者的交流链必须包括一些手段,从而使得作品脱离作者所属的私人领域。20世纪40年代末,香农(Shannon)和韦弗(Weaver)提出了经典的通信模型,认为存在一个连接信息源和信息接收者的系统。他们拟想了一个电话网,而这个模型同样适用于互联网,或组织内部的私密传播系统。它还能运用于出版领域。实际上,该模型的普适性使得我们对于将信息传送至公共领域的媒介和格式的理解更为广泛。香农和韦弗模型最简单的形式如图4.1所示。

信息源⟶传输者⟶信息接收者

图4.1　香农和韦弗通信模型

然而,该模型的一个基本前提是假设在传输过程中存在"噪音"。它可能是类似于电信系统或广播信号干扰之类的技术因素,也可能是引发错误或误解的人为干扰。

在本章中,我们将集中探讨出版过程。香农和韦弗模型从概念上说是非常有用的分析切入点。作者是"信源",出版商是"传输者",而读者是"接收者"。可以用一个非常简单的图来解释(图4.2)。

作者——→出版商——→读者

图4.2 从作者到读者:简化版

这个图示并不是很精确,因为出版物始于作者,而在其最终到达读者之前还要经过某种形式的出版过程。但是,这个过程在这里被简化了。因此,这是个非常原始简单的模型,其表达容易引起误导。在考虑出版过程时,有三个关键方面都能够产生"噪音":

● 出版物的创作及其责任(已在第三章中提及);

● 从创作到财务等各个层次上作者和出版商的关系;

● 将出版物传送至接收者的过程,该过程在图书行业中涉及市场、销售、零售和其他有利于这一过程的活动。

下面我们将逐个进行探讨。

什么是作者?

按照某本字典的解释,作者是"写作者,尤指图书的写作者";另一本字典则认为作者是"创作图书、论文或其他书面作品的人"。但是,我们不禁要问,谁又是这些字典的作者呢?其中一种字典毫无疑问属于图书,另外一种除了以图书形式存在之外,兼有光盘形式,而这种形式也可以囊括在以上定义中。它们都属于书面作品,但是其书名页上却没有作者名。即使有编者列表,我们也很难知道谁负责编写某个特定的定义。事情也不总是这样。当萨缪尔·约翰逊(Samuel Johnson)在18世纪中叶编纂字典时,毫无疑问那是他的作品。但是,真的是这样吗? 他有一组人员在旁协助,现在称之为研究助理。他们替他阅读书籍,并标出感兴趣的单词。他们显然也草拟了这些定义。约翰逊负责选择哪些内容出现在正式出版作品中,他也是字典内容的创始人,但不是字典编写的唯一参加者。“作者”的传统定义在字典中逐渐成型,但它却无法恰当地定义作为主要图书形式之一的字典的作者。

如果字典中关于作者的定义只是不能恰当地定义字典的编写过程,那么再让我们来看一个更容易理解的例子。小说家显然符合“创作图书的人”这一定义。显然,他们设计了书中的情节和角色,并组织语言表达和描述它们。但是,在作品付印之前,它可能经过多人之手,并可能被作了实质性的修改。一般而言,小说家聘用经纪人作为代表与出版商打交道。经纪人扮演了多种角色:顾问、朋友、谈判者、公共关系专家和精神依赖者。经纪人的顾问角色不仅仅表现在负责将一部新作品推荐给合适的出版商,他们还和作者一起工作,提供包括内容修改在内的建议,即便对于创造性较高的小说也是如此。因此,在一部小说到达出版商桌上之前,它已经不再只是一个人头脑的创作了。出版商在收到小说稿后,还要将它经过编辑甚至市场部门之手,从而作进一步的修改。因此,对于大部分作者来说,在作品中对其他人的工作进行公开感谢已经是很常见的事情了,很少有作者单独对其著作成果负有完全的责任。大卫·米切尔(David Mitchell)的得到高度赞扬的第一部小说《幽灵写的故事》(*Ghostwritten*)就是一个很好的例子。在致谢部分,作者列出了曾引用过的有版权的作品,接着对 11 位工作人员进行了感谢。虽然我们并不清楚这些人具体的作用,但是他们肯定从不同的角度为作者提供了建议,或者阅读了部分或全部的草稿。实际上,米切尔和别人讨论其作品,也很可能从别人的思想中攫取了一些灵感,并将其反映在书中。然而,这些并不影响他作为创作者的地位。但是,这也确实对传统意义上“作者”的概念产生了冲击。

这并不是新的挑战。实际上,后现代文学批评关心的焦点就在于其奠基人之一所提出的“作者之死”。根据知识发展的历史,后现代批评家并不赞同作者是唯一的创作者这一理想观点。他们认为,直到作品被阅读,创作行为也没有完全结束,读者也和作者一起参与了创作,因为每个读者对于作品都具有其自身的诠释。这个观点的实质在于,它认为任何作品在被阅读之前都是无意义的。这个论点比纯字面意义上的解释要令人感兴趣得多。它具有很强的逻辑性,而且相对于一些支持者(实际上也包括一些出版商)所设想和渴望的出版世界,更贴近现实。如果连小说都不再是一个人的想象力和知识的创作的话,更何况那些在全世界出版物中占统治地位的非小说类作品呢?

在第三章我们已经讨论过一些出版产品形式,这里可以作进一步的探讨。我们已经看到,任何由单一作者署名的图书——即使是最为畅销的具有创造成分的小说——都不是作者单独创作的。它很可能受到家庭、朋友、经纪人以及编辑的影响。这些特别的建议有可能被接受,也有可能被拒绝,但它们影响了作品的创作过程。对于非小说类作品而言,作者的角色变得更加模糊,作品中许多原始数据或解释都依赖于前人的工作。作者可能接受或拒绝这些工作成果,对其进行改变和重新阐释或加以重新吸收,但它的影响不能被忽略。即便是专业化程度最高、以科学实验或已有研究为基础的学术专著,也是建立在长期以来的有关学术理解和解释以及所属领域的基本知识结构之上的。事实上,学术专著的专业性越强,作者就越依赖于该领域为读者所共享的已有知识。

然而,很多图书本身就属于多人创作的作品,其模式与单一作者图书的出版模式相差无几。大多数合作的作者都会划分彼此的写作任务,并互相阅读和修改。与单一作者接受别人的建议和修改意见所不同的是,在这种情况下合作作者对于最终的文字形式具有共同的责任。[1] 实际上,我们对于在出版背景下有关"作者"的最为实用的定义,都是围绕责任展开的。学术出版物作为一种非常常见的形式,是一个很好的例子。在这种形式中,每一卷中的每一章分别由不同作者完成,但编辑工作则由一个或几个具名的编辑完成。编辑和作者的工作界定得非常清楚。编辑确定图书内容,选择作者[2]并约请其进行创作。在书稿完成后,编辑对其进行阅读,可能按照某种标准评估其质量,并做好一些出版前的预备工

---

〔1〕 后现代派的批评家也许不喜欢这个短语。我只是指文字最终出版的形式,而并没有包含批评家通常所理解的"文本"(text)的含义。

〔2〕 出于方便,这里假设的是单个作者。

作。例如，确保文章风格符合要求并参考整卷书已经确定的部分。编辑还负责确定各章内容出现的顺序，以及检查索引和编辑参考书目。编辑的名字将出现于图书书名页，因此他们对于全书负有责任。但是，作者分别对其所写章节内容的准确性、事实描述和理论陈述负有责任，并对其所写内容负有法律责任(如诽谤罪或对版权的侵犯等)。

参考工具书可以更为详细地阐释这个现象，它们在本质上是相同的，它由多个作者编写，而每个人编写的内容会署上编写者自己的名字。不同于先前谈到的字典，在一些百科全书中，某些特定的条目可能会署上作者名。编辑的把关通常是严格的，尤其在限制内容篇幅、保证准确性和统一全书风格等方面；但是，对内容的总责任仍在作者身上。同样的规则也适用于期刊——无论是学术期刊，还是街头小报，尽管出版哪些内容是由编辑控制的，但是署名的作者对其内容负有责任。在本章的稍后部分，我们将讨论编辑在整个过程中所起的作用。

到目前为止，我们还没有讨论字典的模式。在字典中，没有任何具有作者署名的特殊定义。以《柯林斯平装英语字典》(*Collins Softback English Dictionary*)1991 年出版的第三版为例，之前有关“作者”的第二个定义就是从中摘取的。在书名页上没有任何作者或者编辑的署名。但是，在书名页的反面，出现了“总顾问”和 16 个“特别顾问”的名字，他们都是来自于全世界英语界不同地区的专家学者(印度、苏格兰等)。接下来一页中出现的是编辑部成员，以责任编辑打头，还包括一些担任纯技术角色的人员(计算机人员)或并非承担编纂工作性质的人员(市场推广人员)。总共有 9 名“内容编辑”，9 名“学科撰稿人”，以及有关语源学和语音学的不同撰稿人和 14 名“总撰稿人”。在这个人员列表中，以“总编纂”打头，他对所编写的定义负最终责任。此外，还包括从航空学到计算机科学的 53 名“专家撰稿人”以及 25 名“其他撰稿人”的名单，其中一些人和“专家撰稿人”合作编写某个学科的条目。

由于超过 100 人共同对《柯林斯平装英语字典》承担责任，因此产生了不少问题。至少从这本字典中的定义来看，“作者”这个条目显得毫无意义。从该书中根本找不到任何句子或短语写明“这是由某人所写”，这样做也毫无意义可言。整个工作的价值在于：整部书是由许多编辑共同完成的，其中每个人都为其手头的工作贡献了其知识和技能。这是他们共同努力的成果,同样也是组织和出资制作这本书的出版商努力的成果。我们也许可以这样说,整个团队一起为该书赋予了“权威”(这个词正好和“作者”一词具有相同的拉丁语词根)。

这是一个由团队编纂作品的例子,有点复杂,但也不是唯一的,那是他们集体能力的产物。尽管复杂,但我们至少能确定参与者。而实际上,为了给这些人一一署名,以确认其贡献,出版商确实要费一番周折。[1]但是,在另外一些情况下,我们还能发现一些类似的由集体努力完成的却没有任何署名的作品。有时我们甚至不可能找到这些名字。是谁编写了电话号码簿?是谁编写了公司的年度报告?谁是报纸上天气预报的作者?有些人也许认为这些问题毫无意义,或是毫无兴趣可言。但是,我们不应该轻视它们。这些工作肯定是由某些人完成的:文字不会自己写成,即使正文中的姓名、地址缩写、电话号码和排序工作等都要由计算机自动完成,但也肯定有人来负责确定版面格式、设计、文字大小以及缩写语使用等。完成这些工作的人会被支付报酬。因此,出版者对于这些问题是有兴趣的。从出版商的角度来看,我们可能认为作者就是负责撰写、编辑或组织和管理写作及编纂出版物,并获得适当报酬的人。

因此,在分析出版过程时,可以较容易地辨别“写者”和“作者”。“写者”的定义比“作者”更为广泛,可以简化为“写或曾经写过东西的人”,或“写特定东西的人”。[2]这不是文字游戏,它对于我们理解出版过程中出版物创作的第一个关键术语非常有帮助。现在,我们可以得出一个略微不同的模型(图4.3)。

写者——→作者——→出版商

图4.3 出版物的编写

在很多情况下,写者和作者通常是同一个人。对于单一作者的出版物来说,通常如此。但是,图4.3中所描述的是作者对于要交给出版商的作品所负的责任,但它没有表示这样一个事实:即使是单一作者,通常也

---

〔1〕 需要在前言中列出这些人的名字,以表感谢。

〔2〕 义项分别来自《简明牛津英语辞典》(*COD*)和《柯林斯平装英语词典》(*Collins Softback English Dictionary*)。

会受到其他人的较大影响。

写者──→作者──→作者的朋友/同事/助理──→经纪人──→出版商

图 4.4 作者和其他人

我们不需要再继续扩充这个模型，图 4.4 已经确实有效地描述了参与图书编写工作的人之间可能存在的一些关系。实际上，该模型适用于几乎所有形式的、由单一署名者对其创作内容负最终责任的作品。例如，它适用于百科全书或者丛书中每一个可署名章节的作者署名情况。在上面两种情况中，它还适用于在交给出版商之前，对整本书做最后集成的编辑的工作。该模型适用于任何媒介形式，以及包括文字和图形在内的任何输出形式。只要"作者"表示两个以上共同、均等地承担责任的人，该模型就继续有效。总之，图 4.4 描述了出版物创作过程中的复杂性。

作者与出版商

编写作品并出版是一个复杂的过程。从某种程度上来说，出版是富于创造性的，是智力上的一次挑战。它需要使用一些适合于所有出版物的基本技能，包括如何表达得清楚恰当，以及如何使内容吸引潜在的读者。作者必须掌握一些正式技能，比如语法、句法及词语的正确使用；还有一些纯技术方面的技能，比如文字的处理或打印。创造性、理性以及整齐美观等方面的技能可以适用于各种类型的写作，而且会经常被使用。

下面我们从不同的出版形式来阐述这一点。小说家就是一种创造性的作者，创造形形色色的情节与人物，也免不了会受到外界与现实的影响。上一代的传记作者、回忆录作者和书信作者认为他们的作品与现代作者有很多不同：他们每天写固定的量、每天在固定的阶段写作、按截止时间送交稿件、每年写两到三本(或更多)书等等。一些作者出书是为了艺术创作；一些是为了传播推广有关社会、政治、宗教的特殊观点；还有一些仅仅是为了赚钱。对大多数作者来说，动机是复杂的，所以我们不能简单地认为商业目的与文学成就是互相排斥的,这种看法将会完全否定诸如丹尼尔·笛福(Daniel Defoe)、马丁·艾米斯(Martin Amis)等小说家们的工作。

另一方面,我们以一篇用于报道最新研究结果的科技期刊论文为例。按惯例,论文一般由多个作者完成,当然其中一个是"第一作者",他主要负责设计并实现研究方案,以便在论文中阐释这项研究成果。合作者大都是第一作者自己实验室或学校里的同事,还有一些是利用该项研究资金特别聘请来的研究者。论文完成后还需要一些技术技能。论文表达必须清楚明确,可能还需要表格、图表和说明,一些特殊文字形式的数学公式,甚至一些外文的引文或特别深奥的词语,等等。在论文撰写过程中,通常由其中一位(通常为资历较浅而不是第一作者的人)来写初稿,然后再由其他组员进行扩充。在这个阶段只有很少需要或不需要发挥创造性。论文内容的陈述必须实事求是,而结论也被认为是论文中科技研究工作的重要部分。但是,在较早阶段的定研究题目、设计方案、指导研究工作以及从收集来的数据中得出结论时就已经体现了创造性。出版不是为了赚钱,或者说出版不是直接为了赚钱。事实上,虽然期刊出版商能获得一些利润(有时利润相当可观),但除了一些自己论文的印刷稿,作者得不到任何报酬,当然这也并不意味着没有无形的回报。学术生涯是以论文的发表为基础的,即使得不到任何版税,研究成果的回报对作者来说已经足够了。

为出版而写作的复杂动机对于理解作者和出版商之间的关系很重要。作者和出版商都非常关心最终的结果,然而,他们又有很大的区别。即使是在一个团队中工作的作者,他们也是单独的个体,而出版商通常是大公司。一些大的出版公司也出版一些读者面较窄的出版物,比如许多学术期刊和科技期刊就是由跨国出版公司下的出版社出版的。因此,虽然署名作者和执笔作者是个人的,但出版商往往是非个人的。但实际上作者是和出版社里的工作人员或出版社的代表打交道的。这个拥有诸多头衔的人就是编辑。

创造性关系：作者与编辑

"编辑"这个词在这本书里已经出现过多次，但到现在为止我们还没给出一个定义。我们不能再回避它了。在出版界里，编辑这个词往往在三个主要的语境中使用：

- 第一类是对出版的内容负有主要责任的报纸和杂志编辑；
- 第二类是负责组稿并对出版过程进行管理的出版社编辑；
- 第三类是对作者的文稿在付印前或电子复制前做准备的编辑。

关于"编辑"的定义很多，但上面三个定义是很好的切入点。

在第三章里我们已经讨论过报纸和杂志编辑的角色。他们完全控制文章的内容和表达。在一些情况下，编辑还要负责在某个主题上添加一些自身的观点。关于这点，我们最熟悉的就是几乎所有报纸都有的社论部分。社论是匿名撰写的，但反映了报纸自身的观点。实际上，它也许是一位很有主见的编辑的观点，也可能就是作者自己的观点，也可能是和编辑一起工作的高级记者的观点。尤其对于那些试图发挥政治影响的主流报纸来说，社论更是一种很重要的举措。然而，这在很大程度上取决于编辑的工作。他们往往要决定出版的内容以及内容的重要性。报纸首页导读内容（包括大标题）的选择在引导公众观点以及提高报纸销量方面和社论有着同样的重要性。他们也会参与记者和其他工作人员的任免事宜。他们可以选择照片，确定专栏文章，等等；还可以直接参与选择可发表的读者来信，或对读者来信做出合适的回应。以上的一些工作是可以由其他人来负责的（大多数日报一般都这样做），但编辑对所出版的文字负最终的职业和法律责任。

宽泛点说，以上这些也适合杂志编辑。但对月刊编辑就没那么多烦琐的要求了。文章大多是按编辑的要求由自由撰稿人或其他工作人员来完成的。编辑和其资深的同事决定编写什么和出版什么，并根据版面、图片和照片决定文章的版面设计方式。这些对于那些深奥的学术期刊或商业性杂志是一样的。任何一种杂志的编辑都是在别人的帮助和建议下工作的,在学术期刊中,这已经正式成为出版系统中的重要部分。学术期刊的编辑一般会把这些领域内的专家列入编委会,作为固定的顾问,通常也会邀请其他学者作为审稿人。杂志编辑的工作就是审阅每篇投稿,然后得出一个是否值得出版的评价。

而出版社编辑与报纸杂志编辑有很大的不同。在如今的出版社里,编辑人员处于一个重要的位置,就如同其他产业中专门负责开发产品的人员一样。出版社编辑人员的工作中心是策划出版社要出版的作品选题。当然编辑人员的工作也会受到许多制约,因为大多数出版社都会对出版哪一类图书以及目标市场等做一些规定。一般来说,编辑人员就是按照这些得到出版社高层批准的规定进行工作的,而一些高级编辑也可以参与到制定规定的过程中。尽管出版产业变化万千,编辑人员仍然是出版社发展的关键,如果没有编辑人员,也就没有图书可以出版。

我们知道一本书的观点来源很多,一些是作者自己的观点,一些是经纪人的观点,还有一些是出版社自己的观点。但是,从作者和经纪人的角度而言,编辑就是出版者。20 世纪中期,作者描述的传统出版活动,实际上都是由编辑来完成的。在小的出版社里,选稿过程大多是由这个出版社的社长(而不是作品的发现者)决定的。但是,对于那些面向国际出版事业的大出版公司,这些活动都被转嫁给了雇员,不管工作的头衔如何,这些雇员就是全部或部分出版选题的管理者。

编辑的特殊工作反映了公司的优先顺序和结构。大公司的传统安排是:高级编辑是出版选题的管理者,他们负责选题、征集作者等。他们的责任通过不同类型(小说、参考工具书等),或通过主题(历史、科学),或通过市场(一般图书、专业图书、教科书)来划分。编辑一般和经纪人合作,也会和作者合作。他们有责任与作者签订合同,合同就是某一出版物是否出版的决定。他们的自主权利也许会因公司而异,但是他们往往都具有相当的权力,可以按照自己意愿行事。在许多公司里,最终决定约稿或接受某个选题的还是高级编辑,并且要经常和市场部协商。定位于不止一个市场(比如英国和美国市场)的出版商们也会向海外的同事咨询某一种类图书是否有市场。这对于期望开拓巨大的美国市场的英国出版公司来说尤为重要,并且会对决策产生十分重要的作用。然而,高级编辑仍然是此过程中的关键人物，在出版商、作者、图书与市场之间起了基本的连接作用。

协助高级编辑工作的职员通常做一些较为普通的工作。尽管他们也可以参与出书的前期阶段，但通常都是在后期阶段，尤其是选题提上议程后，甚至在图书最终决定出版之后才开始工作。接着再由助理编辑（具有不同的工作头衔）与作者处理一些日常事宜，直到图书最终完稿。图书定稿之后，也是由助理编辑负责处理出版过程，直至图书印成后送往仓库。

第三类的编辑功能由文字编辑完成，他们处理作者交到出版社的稿件。和其他编辑的工作相比，这项任务显得更为普通，却是不可或缺的。文字编辑负责检查文稿风格和表达的一致性，纠正作者的语法和拼写错误（其中任何一项都比想象中的重要），使文章符合出版社要求的格式（如参考文献引用格式、大写字母的使用，书名页、版式的设计等）。即使这些工作完成得很好，读者们也很难意识到文字编辑的作用，而优秀的文字编辑对于高质量的专业出版物来说是不可缺少的。[1] 文字编辑们有时也负责编制索引。他们通常按照编辑的指示工作，在一些小的出版社，他们可能会直接与作者打交道，要求作者解决编辑过程中出现的疑问。

本节中介绍的这些基本功能会有很多不同的变化，尤其是近年来已经发生了较多重要的改变。这些变化有时似乎仅仅是因为集团的发展而引发的，但实际上其中还有很重要的技术背景。当然，一般认为出版集团的成长引发的一个直接后果是出版社的个性化减弱。这种看法值得商榷。出版集团实际上是由许多小公司联合而成。这些公司往往还保留了其原有编辑政策下的出版特色。只有当出版集团准备进入某一特定市场时，才会发生收购行为。实际上，一些证据表明，公众对于单个出版社的品牌具有很强的感知力，而出版商目前正在系统地对自身的品牌效益进行开发。确保这些特色得以保留正是编辑的任务。出版社的内在文化往

---

〔1〕 如果这些编辑工作完成得不够好，就可以很明显地被察觉到。一个较有名的出版商新近出版的一本传记，得到了广泛的好评，但其中也出现了“expatriots”、“appartment”之类的错误。另一本法文图书被翻译为英文出版，然而，却被视为作者的另一部作品。这些错误均在10页之内，总的来看，对一本书来说也不是非典型的。

往最终决定其产品的特性和质量,而所有权仅仅是这种文化中的要素之一。

毫无疑问,出版业的商业环境变得越来越严酷,更现实地说,在20世纪的最后二十年内尤其如此。那些成长于20世纪中期宽松环境下的人认为这是无法接受的,并且强烈地表达了这种看法。[1] 其他人将其反映到现代管理层,几乎得不到其雇员和作者的同情。[2] 然而,即使在出版集团内部,传统的高质量文学出版仍然得以生存。[3] 在实践中,编辑面临着经济压力,因而给作者施加尽快交稿的压力,并删减在编辑和校对阶段的某些质量控制指标。先进科技既帮助又阻碍了这一过程。一方面,由于管理者能够获得更多、更好的信息,商业管理变得更简单;更为具体地说,科技使得一些出版商可以将一部分原本自身的责任转嫁到作者身上。举个简单的例子,现在作者投稿时都需要提交文档磁盘,这已经成为较为固定的形式。对出版商而言,文字输入的费用得到了节省,同时,至少有一些编辑过程也从编辑转移到了作者身上。另一方面,经纪人往往承担了更多的传统意义上协助编辑的角色,不但在创作上帮助作者,同时在进行商业谈判时争取一些附属权。从另一个角度来说,编辑已经丧失了作为项目管理者的一些关键作用。

在实践中,作者和编辑的关系从来不是纯粹的非个人的商业交易关系。作者自始至终都是和出版社里的个人打交道,并且双方都认为,需要有一些必需的约束来规范彼此的行为。如果作者无法接受这些规范,还有其他的出版渠道。在美国,所销售的近20%的图书不是来自出版集团。而小出版商(每年制作不超过50种图书,或每周1种)一直都有助于维持这种多样化的格局。当然,小出版商也面临着压力。例如,大学出版社需要出版最高学术水平的图书。他们面临非常艰难的学术性图书馆

---

〔1〕 爱泼斯坦(Epstein)就是这个观点的典型代表。

〔2〕 参见威利斯(M. Willies)的著作《崭新的开始》(*New Beginning*)(PRO出版,1996年版,第64-77页)。此作者是洛杉矶时报—镜报公司(Los Angeles Times-Mirror Group)的CEO,并受到严厉的批评。他认为,一家出版公司应当制定较高的标准,拥有强大的领导层,使得专业员工热爱他们的工作,并培养雇员诚信,这种观点是完全合理的。然而,它所表达的商业行话却阻挡了许多希望加入出版行业的人。

〔3〕 这是派特(Paten)的观点。

市场,并且面对部分作者和读者的厌恶,还不得不做出适当的改变。

出版商的经济压力反映在许多方面。有些曾经受欢迎的图书可能被拒绝,有些曾经吸引过主流大众型出版社的图书现在只能为小众市场上的出版社或大学出版社所出版。即使在专业学术和科学、技术、医学类(STM)出版社,作者和编辑都需要更加商业化,必须遵守制定的交稿时间和字数限制,等等。在传统的学术出版社当中,技术和印刷上的标准有时也允许有所放松。尽管如此,在新世纪之交,出版业中涌现了一些新情况。尽管在英国和美国关于连锁书店的影响有多种观点,但有证据表明从20世纪90年代中期开始,一些连锁书店变得繁荣起来。从总体来看,即使图书销售的风格和产品有所变化,行业本身仍然是发展的。在90年代早期,有社会学家暗示,出版业似乎对市场的反应十分迟钝;即便这是事实的话,十年以后它已经不复存在了。

上述的所有变化都给作者和出版商之间的关系带来了影响。然而,两者之间仍然是互相依赖的。没有作者,就没有图书可以出版;没有出版商,作者的写作也是徒劳。这是因为"作者—编辑—出版商"的关系非常个性化,因此,难以做出正确的概括。它可能是互相对抗的,因为虽然他们具有共同的利益,但作者和编辑往往具有不同的目的,而且在文学和商业之间也存在着无法避免的冲突。

商业关系:合同与权利

作者和出版商之间的商业关系通常通过合同进行约定。合同的基本前提是作者提供其创作作品的知识产权。合同的具体条款可能有所不同,但几乎所有这样的合同都具有一些标准的特征。合同总是包含以下内容:

- 图书作者、书名、主题和篇幅;
- 交稿日期;
- 稿件提交形式;

● 图书出版形式；

● 图书发行范围；

● 有关作者稿酬的条款。

以上是合同最基本的内容。在合同中通常还会包括：

● 提交的作品必须符合出版商的要求；

● 如果作者履行了其合同规定的义务，出版商具有出版该作品的义务；

● 作者确保该作品未触犯任何有关版权、诽谤或淫秽作品管理的法律；

● 关于插图、校对等相关事宜的处理细节。

当然，以上是针对单一作者的图书的，并且其前提是该书稿尚未完成。实际上，一旦书稿选题被确认后，就需要这样的合同。但是，在实践当中，在极少情况下，也有一些在书稿完成后才被接受的作品，也会签订类似的、经过适当修改的合同。

对于更为复杂的出版物，当然需要制定更为复杂的合同。对于具有多个作者的作品，每个作者都会有单独的合同，通常会标明稿酬的分摊比例。多名作者共同编写的编纂作品，同样每个人也都会有单独的合同。其中，编者的合同最为详尽，会详细说明出版商的要求；而作者合同则与单一作者图书合同大致相同，内容较为简单。有些合同几乎越来越趋向于简化。例如，学术期刊论文作者的合同，通常只包括签署版权和不存在诽谤的声明，并授权期刊出版其论文。

在图书出版中，合同对于作者和出版商的意义都是非常关键的。它对作者的主要要求是按时、按照双方商定的形式交稿。这通常规定了出版商所要求的图书的水平、长度和物理介质（磁盘、打印稿等）。而出版商负责制作指定或最小数量的图书印数，并按一般操作进行广告和市场宣传。作者稿酬通常以版税形式支付，即按出版商图书销售收入的百分比提成。[1] 不同的合同在其他部分还会有所变化。尤其在以下三种特

〔1〕 一些作者将自己的版权全部卖给他们的出版商。作家协会强烈地反对这种做法。近期有一个例子就是他们反对将广播节目的版权卖给 BBC。详见作家协会的网站：www.writers.org.uk/society/Pages/warnfrm.html。

别情况之下，作者的经纪人作为谈判者的角色是非常关键的：

- 预付版税；
- 与版本和地域发行权相关的事宜；
- 附属权。

预付版税，是指在签署合同和提交作品时付给作者的款项，与之后的图书销售无关。对于少数受欢迎的小说家而言，数目非常之大；但对于大多数作者而言，不过是聊胜于无。即便如此，出版商也承担了风险。即使图书随后的销售收入低于预付版税，这笔钱也是不能退还的。版税本身也是一个值得讨论的话题。传统上，版税为出版商净收入的10%是比较正常的，但是会在此基础上有很大的变动。有些作者可以得到较高的版税，而有些作者的版税是根据推荐零售价而非实际成交价来计算的。但是，基本规则是不变的：作者的收入与图书销量成正比。19世纪末，面临着来自作者的压力，作为一种公平的回报机制，版税体系才得以发展起来。目前它仍是公平的。[1]

合同中第二个值得经纪人或作者特别关注的内容是有关版本和地域发行权的条款。合同各方可以任意选择划分版权的方法。他们可能允许出版商拥有图书各种版本的全世界发行权。对许多科学、技术、医学(STM)类、专业类、学术类图书和参考工具书而言，这是正常的。而对于一般大众图书(小说和非小说)，则具有较多的差异性。对于小说作者而言，关键问题可能是平装本图书的版权，因为每部成功作品的平装本销量最大。当然，这些权利也可以出售给具有精装本版权的出版商，平装本版税往往低于精装本的版税，但前提是其销量更大。有时，精装本出版商会在潜在的出版商中拍卖平装本的版权，并接受最大的投标。[2] 在有些合同中则规定平装本版权属于作者，这意味着拍卖将由作者的经纪人而非精装本出版商举行。这已经成为经纪人越来越活跃的领域之一，同时，作者对于经纪人所能实现的，以及出版商所能让步的期望值也越来越高。

地域发行权对于主宰全球英文图书市场的英国、美国的作者和出版

---

〔1〕 这就是作家协会支持它的原因。

〔2〕 这种"拍卖"一般是通过电话操作，并不是同时发生的出价竞争过程。实际上，会与两个以上的潜在购买者进行一系列的协商，因此书业内生动地将此过程称为"拍卖"。

商而言尤为重要。而最重要的实际上是在其他国家的版权。跨国集团的发展对此具有深远的影响。三十年前,由于合约对美国版图书在美国和加拿大的销售,以及英国版图书在英联邦国家的销售都进行了限制,再加上有关其他地区的一些规定,英国图书在美国出版,或者美国图书在英国出版,都是很不寻常的事情。这种局面直到20世纪70年代才得以打破,一部分原因是来自法律上的压力,同时英美出版界之间日益紧密的联系也使得这种局面无法再维持下去。然而,美国对于英国图书的出版权利有时仍然是单独处理的,因此英国方面对于美国图书的权利显得更少一些。但是,市场变得越来越细化,而且越来越全球化。实际上,同一图书的英美版本在有些市场上是互相竞争的,尤其在亚洲。与此同时,作者和经纪人有时也会试图出售英美以外的地域发行权。对于一些图书,尤其是英语语言教学类(ELT)图书,地域权利问题甚至更加复杂,而且是绝对关键的。这一领域曾经一度是英国主宰下的全球化市场,目前正被日益细分。本土出版商开始涌入,有时甚至带来盗版的英美出版物。但是,大部分情况下还是以合法的本土创作图书为主。当然,并非所有外来版本都保留了原有的语言,翻译权同样也是一个值得关注的商品,尽管实际的谈判操作起来非常复杂。[1]

对一部分图书和作者而言,附属权是一个主要的收入来源。这包括了制作与图书(通常是小说)相关的电影、录像和电视版本,以及生产与这些形式相关的消费产品的权利。恐怖小说作家汤姆·克兰西(Tom Clancy)就曾经通过出售授权方式准许电脑游戏使用其姓名。通过出售附属权所得的收入是非常高的。2000年12月,英国儿童文学作家乔安·凯瑟琳·罗琳(J. K. Rowling)据称每周可从其《哈里·波特》系列图书中得到4万英镑。这不但包括从精装本、平装本和翻译授权中所得的收入,还包括出售电影、电脑和电子游戏以及玩具版权的收入。在2001年中期,电视授权成立另一收入来源,金额达7 000万美元(4 900万

---

〔1〕参见泰勒(S. Taylor)和凯西蒂(T. V. Cassidy)的著作《中国:过去和未来的市场》(*China: the once and future market*),《出版商周刊》(PW),1998,245:30。增刊。其中探讨了这方面较为复杂的案例。英美大量的学术类和STM类图书都被译为日文版,然而,却很少对此发表评论。

英镑)。[1] 当然,这些只是特例,但是他们为出版业带来的收入给每个参与者都带来了或多或少的收益。而英国出版《哈里·波特》的布鲁姆斯伯里出版社在2000年的纯收入也因此翻了一番,在青年科幻小说领域创下了奇迹。

对大部分作者而言,其所得收入要少得多。版税和版权收入当然并不属于公共事宜,他们是作者及其经纪人和出版商之间的私人金钱交易。但是,也不难对此进行一些公开的猜测。假设一般大众图书的平均印数是5 000册,每册零售价为15英镑,其中交易价格为8英镑,那么作者从精装本中所得收入不会超过4 000英镑。[2] 对大部分图书而言,情况就是这样了。而一个印数为2万册的平装本,零售价为每册6.99英镑,交易价为3.50英镑,那么可以再增加7 000英镑的收入。换言之,如果一个作者一年写一本书,那么他最大收益不会超过英国国内家庭的平均收入。[3] 有些作者可能没有收入。例如,对在学术期刊上发表论文的作者而言,没有收入是很正常的。少部分人甚至会傻到自己付钱出版作品,但这样的比例非常微不足道。[4]

然而,对有些作者来说,版税和版权收入并不是其唯一的收入来源。按照上一段中的计算,不难看出许多作者还有其他的职业,这一点也不奇怪。这在新闻业、广电业和学术界尤为明显。此外,在一些情况下,作者可以得到比销售数字更多的收入。罗琳的情况是个特例,但却不是唯一的。对很多作者来说,公共出租权也成为构成其收入的另一要素。经过作家协会的漫长努力,公共出租权于1981年引入英国,当然也受到包括图书馆员在内的众多反对。其计算的原理是:公共图书馆每借出一本书,该书作者可以得到一小笔收入。这笔钱由政府负责的一个基金支出,每

---

〔1〕 罗琳2000年的收入,可见网站:www. guardianunlimited. co. uk/Archives。有关游戏和玩具版权,可见网站:search. nytimes. com,有关电视版权,可见网站:dailynews. yahoo. com 和 Times. co. uk。

〔2〕 即以10% ×8 ×5 000计算。

〔3〕 2000年春季,英国公民每周收入的平均总额为320英镑,或每年16 640英镑。而大学毕业生,他们每周收入的平均额为520英镑,每年27 040英镑。

〔4〕 一些要作者自费出书的出版社在作者付费的情况下出版图书,但却不积极地进行销售。

年由政府注入900万英镑，单笔付款的最高限额为6 000英镑。到2000年，约18 000名作者因此而受益。但是，其中超过12 000人的所得少于100英镑，只有159名作者收入介于最高的5 000～6 000英镑之间。很明显，绝大部分作者并没有从其写作成果中得到很好的回报。

从作者到书商

在本章中，我们讨论了传播理论的一个方面，有关著作权的问题以及作者、经纪人、编辑和出版公司之间的关系。下面我们把这些问题综合起来加以考虑，探讨将作者的创作成果送至书店、报刊经销商、图书馆，并最终到达读者手中的具体过程。这一过程涉及诸多群体，实际上正是香农和韦弗模型中所描述过程的第一阶段（图4.5）。

作者——→出版商——→发行商——→读者

图4.5　从作者到读者（一个简化模型）

如图4.5所示，我们将这一过程从出版商之后继续延伸，并将其与读者——香农和韦弗模型中的接收者——联系起来。但是，正如我们从图中所见，其实这个过程的第一阶段很复杂，包含了大量香农和韦弗视为“噪音”的东西。下面我们进一步探讨这一过程的其他方面：

- 编辑、设计和制作；
- 宣传、市场和销售；
- 发行。

我们已经讨论过编辑阶段的一些内容，很大程度上是基于作者和出版商的关系这一背景条件来考虑的。现在我们必须稍微变换一下角度来重新考虑这一问题，将其视为图书的创作和市场化过程。为此，我们首先将出版社委托唯一作者创作的图书作为模型加以考虑。假设作者被要求在合同签署后12～18个月期间，以磁盘形式提交其作品。出版社一般会提前18个月到2年的时间确定其出版计划，其原因在接下来讨论市场和宣传问题的时候会变得很清楚。

当编辑收到作品磁盘后，首先要自己（或找人）审读作品文本。如果该书稿的作者是有名望的，那么这一阶段的检查就相对宽松。小说作品通常从经纪人手中获得，而非小说作品一般直接向有专业背景和才能的作者约稿。即使是经纪人，对于与之合作较好的作者的作品，可能也只是粗略地浏览一遍。任何在出版社里的审读工作一般是由编辑或助理编辑完成。对于新手的作品，或是技术性较强的图书，即使是约稿，也需要对其作品进行仔细审读。合同中通常都会写明作品必须满足出版社的要求。因此，如果出版社想拒绝作品，或要求对作品进行大的改动，这个阶段提供了最后的机会。学术类，科学、技术和医学（STM）类出版社，尤其是大学出版社，通常会将作品送给自由职业身份的作者进行审读。这个过程类似于学术期刊的审稿过程，具有保证作品质量这一同样的目的，同时也遵循相同的惯例，如保护审稿者的匿名身份等。

上述审读过程完成之后，出版社需要和作者讨论一些相关事宜。如果书稿由独立审稿人正式进行过审读，那么在此阶段需要将审稿者提出的重要问题反馈给作者。但是，如果只是一些小问题，会暂时保留并将书稿直接转到文字编辑手中。传统意义上，出版社拥有自己的文字编辑，但是自20世纪80年代开始，他们开始大量采用自由职业的文字编辑。[1]总的看来，这是一个可喜的进步，并且运作良好。无论是由谁完成，文字编辑过程都会产生一些问题，其中一些涉及准确性、一致性或表达清晰度的问题将反馈给作者。虽然对这些问题可能会产生一些讨论，但是，明智的作者一般都会遵从有经验的文字编辑的建议。

与此同时，图书的设计工作也开始进行。图书设计是一门重要的工艺，具有其自身的版权、传统和技巧。设计工作和文字编辑工作一样，越来越趋向于依赖自由设计者。实际上，20世纪就出现了独立设计者，他们多数是杰出的插图画家或印刷专家，享有较高的艺术家名声。和自由职业文字编辑相同，如果设计者将自己视为团队的一员，那么整个系统的运作就会非常良好。设计人员要选好版式，制作版面并从中选择较为合

---

〔1〕 例如，克拉克（Clark）提到有一些作品会被外包给自由职业者。德索尔（Dessauer）指出，早期的作家认为这是一种内在的功能。

适的。他们还负责图文编排、装帧设计、精装本封皮和平装本封面的设计、书名页的形式和设计等。多数情况下，上述事宜都需遵循一定的惯例。一般来说，一种图书按照其主题、类型和装订形式，具有同样的尺寸大小（由印刷纸张的尺寸决定）。文字大小、页边空白等也都具有规范。设计人员的工作需要得到出版社的赞同，然而在实践中，一般由编辑作出决定。因此，设计人员的工作受制于出版社的设想，因为出版社是他们所获报酬的支付者。系列图书几乎不需要对每本书作单独设计，因为它们可以采用统一的设计风格。即便是单册图书，例如较为浅显的小说，其设计也需要服从出版社对于该类型的设计惯例。只有对于复杂或者特别的图书，才需要完整的设计过程。

书稿经过编辑和设计之后，就转入了制作阶段。通过磁盘提交的作品，在这个阶段可以节省时间和金钱。提交的文稿需要根据文字编辑的意见、读者的建议，经作者同意后修改以及根据出版社的要求做进一步的改正。然后，文稿需要重排格式以满足设计规格的要求，并进入所谓的仍叫做“排版”的过程，虽然根本不需重新排版。这个阶段会产生一些文章校样。虽然提交电子文稿并没能取消校对工作，但已经使得这一工作不再像以前那么复杂。最好的办法是同时由出版社（通常是自由审稿者）和作者本人阅读文稿校样。在此阶段，编辑或作者可以完成内容目录、互见参考、索引和其他涉及文章页码的工作。同时，这也是对文字进行最后的小改动的唯一机会（通常作者会提出这个要求，但一般会被出版社拒绝）。一旦校样得到通过并且相应的修改工作完成，经过编辑和排版后的文稿就被印制到照相底片上，制作成印版，然后印刷。接下来的程序是装订，如果有图书封面的话也会被加上。这样，该版本的图书就可以运往仓库和书店了。图 4.6 描述了这一过程，从中可以清楚地看出编辑作为项目管理者所起的核心作用。

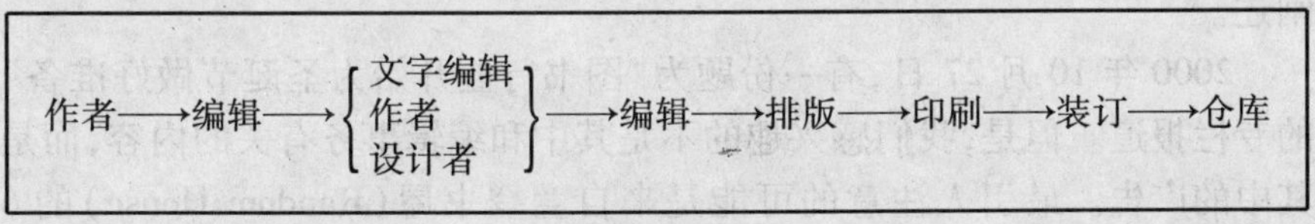

图 4.6　从编辑到仓库

与此同时，其他一些工作也已展开，以保证图书在最短时间内送达仓库。原因很简单：到目前为止，出版社已经花费了大量费用，但还没有得到任何收入。为了保证最大利润，图书必须在制作完成后以最快速度到达书店。整个编辑队伍和作者本人都参与到这项工作中，同时还包括一些从事宣传、市场推广和销售工作的专业人士。

在大出版社，市场部从每本图书出版开始时就参与其中。实际上，高级市场人员经常和编辑一起工作，决定哪些图书值得出版。这种决定是商业性质的。他们关心的关键问题是图书的销售是否会带来盈利。这个答案并不能用一个简单的公式得出，中间涉及复杂混合的多个因素，包括一些公司最基本的政策问题。出版一本 750 册的学术专著是可能盈利的，但对于一个经常出版 1 万册印数的小说、并希望通过出售平装本和附属权的公司来说，以此盈利是不可能的。这也是许多出版集团保留其下属出版社各自风格的原因之一。从一定程度上说，这是品牌形象的问题，但里面还涉及商业因素，即认识各种出版盈利模式的差异，并据此合理地安排公司的工作。

然而，不论是何种图书，也不论其印数多少，出版经济学中的一个基本原则是不变的：出版商在得到任何收入之前，必须付出相当多的“前期成本”。因此，短期内的大销售额是非常重要的。要实现这一目标，必须在图书制作的早期就开始市场推广和宣传活动。而且，宣传活动必须有针对性。普通大众图书一般由公众从书店购买，其促销活动和学术类，科学、技术和医学（STM）类图书，或大众市场平装书的促销方法完全不同。对于普通大众图书而言，关键的销售角色是各个零售图书商，因此，他们才是出版商进行市场推广的目标。当然，这并不是说可以忽略公众，但是公开的广告和宣传往往在较晚阶段才会开展。英国行业期刊《书商》（*The Bookseller*）有一期专门对这个问题进行了阐述。

2000 年 10 月 27 日，有一份题为“图书行业开始为圣诞节做好准备”的专栏报道。但是，我们感兴趣的不是其中和编辑事务有关的内容，而是其中的广告。最引人注意的可能是来自兰登书屋（Random House）的 6 页彩色插页广告。以“谁能打动你的心弦”这个广告语打头，占据了第一页的整个篇幅。该问题的答案被形容为“奇怪的组合”（不是无理由的，而是经过深思熟虑的)，虽然他们自称是“最理想的促销伙伴”。这些图书包括托马斯·哈里斯(Thomas Harris)的小说《汉尼拔》(*Hannibal*)，是他最成功的小说《沉默的羔羊》(*Silence of the Lambs*)的续集，以及路易斯·德·博尔尼(Louis de Bernière)最畅销的再版小说《克雷利船长的曼陀林》(*Captain Corelli's Mandolin*)。这之间有何关联呢？由这两本书改编的电影都即将上映！出版商提供在书店里使用的宣传工具(特殊的书架、海报、桌上立架等)，对于路易斯·博尔尼的小说，他们还提供了电影脚本与小说相呼应。两部电影实际的上映日期都是2001年2月，即该广告发布后的第四个月。兰登书屋需要抓住整个行业的注意力。在此过程中，他们还展现了他们利用电影所产生的“免费”广告效应来宣传图书的手段。这样的意图在于确保图书销售商提前做好提供店铺空间和订购图书册数方面的准备。一般要在时间上有所超前，公共宣传活动可能在广告面世6个月前就开始计划。

除了上面这些活动外，圣诞节市场几乎被忽略了。2000年圣诞节图书的宣传在夏季就开始了，仅有少量广告是和圣诞节相关的。钱伯斯出版社(Chambers)的广告语是“送礼佳品”，但这并不是专门针对该季节的，而且其图书(主要是字典)在任何时候都很适合作为礼物。有的广告列出了4页、约24本的“圣诞精选书”，这看起来像是一家库存不当的书店所做的广告。对于整个出版行业来说，采购的高峰期在10月底就已经完成了，而不是12月中旬！做广告的图书从流行音乐到自然历史，还包括了必备的烹饪书和著名厨师的图书作品。所有这些广告如同兰登书屋的专栏广告一样，其目标是整个图书行业。实际上广告的风格是沉闷僵化的，但是却显要地列出了交易价格、订购和发行安排，以及关于快递时间的保证等重要的信息。

专业类图书的市场策略完全不同。虽然它们也是面向书店宣传，但是整个过程更具选择性：目标书店一般具有合适的顾客群或合适的地理位置。对于潜在的最终用户，宣传会更加直接。例如，新教材一般直接面向学校的教师促销；如果图书出现在阅读清单上，当地书店(一般和院校有较密切的联系)就会进行订购。科学、技术和医学(STM)类图书和研究专著的宣传一般通过在专业和学术期刊上刊登广告，以及直接给图书馆邮寄广告进行。对新期刊的宣传也是如此。此外，在正式出版之前预先寄少量样书给书评家或传媒界的关键人物，是另一种重要的促销手段。对于一般图书而言，这意味着将有关书评寄给一些国内报纸，甚至合适的电视或广播节目。学术类和科学、技术和医学（STM）类图书的预印本一般寄往相关的期刊。新的学术期刊的样刊则往往寄给那些院校图书馆和在该领域能影响其同事的关键人物。

图书市场推广活动的主要目标是在图书正式出版之前或刚刚出版之后能销售出尽可能多的册数。对于大众图书，当相关评论出现时，图书应该已经出现在书店里了；而且当销售情况很好的时候，库存能够得到迅速补充，这一点非常重要。大部分图书，甚至是畅销书，其停留在书架上的时间相对较短，精装本往往不超过 6 个月，而平装本不超过 1 个月左右。实际上，出版商本身也期望有较为快速的流通，这样书店可以为下一批图书腾出位置。我们以一周为例对此进行说明。在 100 本畅销书目中，57 本在目录上停留了 4 个月（20 周）或更少时间，只有 13 本停留了 1 年以上时间。假设其中出现了 2 本新书，有 9 本书保持上周的排名不变，那么在剩下的 89 本书中，44 本的排名提前了，而 45 本的排名下降了。这在总体上描述了图书的短书架寿命和更替的快速。

在英国图书业，发行问题总是一个难题。但是，如果出版商和图书销售商都要从成功的大众图书中获利的话，发行的效率是至关重要的。大出版社拥有自己的仓储设备和发行渠道；小出版社往往将这一昂贵的过程进行外包以节省成本。专业图书发行商生存在一个日益艰难、充满竞争的市场环境下，近年来充满了不稳定性。用于图书发行管理的电子系统开始使用了近二十年，但甚至在 20 世纪 90 年代末期，还有一些公司由于不相信电子系统的效率，或不愿意或无力对其软硬件进行投资，而没有使用电子系统。

书商——→订货——→发行商——→图书——→书商

图 4.7 图书发行的简化模型

发行过程的基本要素是订购和配送(图4.7)。当然,这个模型对该过程的复杂性进行了简化。参与该过程的有负责仓储和运输的公司和书店。根据具体订购方法的不同,互联网服务提供商、连锁书店的总部办公室和其他人都可能成为该过程的一部分。即使部分交易过程是电子化的,仍然会产生大量的书面文件,如订货单、运送单和发票等。从图书销售商的角度来看,最重要的因素恐怕是发送订单和收到图书之间的平均延迟时间在4~7天左右。发行是书店管理的一个关键要素,这一点我们随后还会提到。

结　论

本章我们介绍和分析了图书是怎样从作者的创作转变为出版商的产品的。出版过程是从作者到读者的交流链中一个基本的环节(图4.8)。我们所提出模型的基本要素完全适用于任何出版物,无论是印刷形式的还是电子形式的,是图书还是杂志,是面向大众市场的图书还是深奥的专业著作。不通过这些过程,哪怕只是简化或者省略了其中的一些阶段,出版物都无法到达读者手中。其中的商业过程可能是通过资产千万的国际性出版社,或是利用互联网进行论文交流的小型学术团体。利润可以是主要的驱动力,也可以是完全无关的。但是,不经过创作、编辑转换成可获取的形式以及发行阶段,任何文字都无法到达受众。

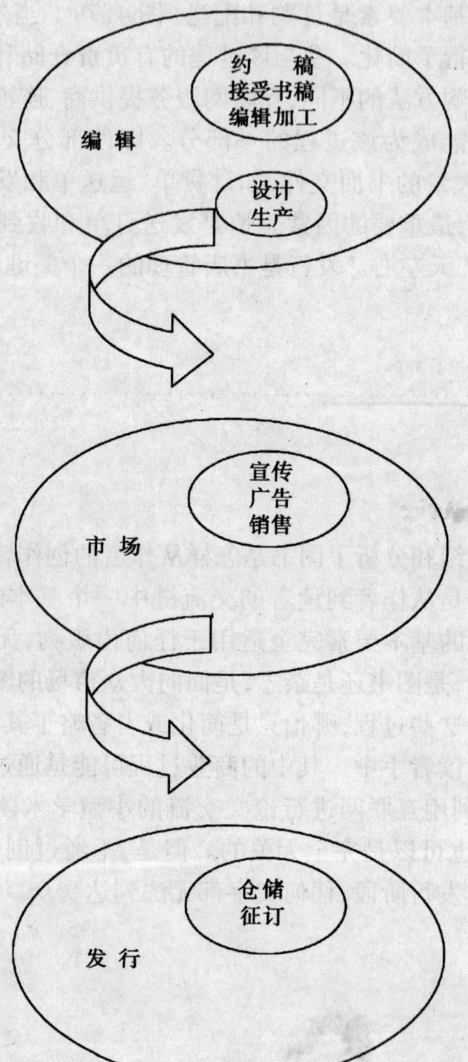

图4.8　出版过程

图4.8中列出了三个核心元素——编辑、市场和发行。在每个元素中，都包含了一系列其他活动。图中所示的是一般大众图书出版的活动，然而我们描述的这个过程模型具有更广泛的适用性。在适当时候，我们会为这个过程模型加入一个商业模型，但在此之前，我们必须讨论下一阶段：从作者的作品到读者的传输过程。斯坦利·昂温先生（Stanley Unwin）引用了德国作家费力克斯·达恩（Felix Dahn）的诗句来描述出版商眼中这一最终的关键阶段："写书是容易的……出书却有点难……读书更难……但是凡人所能从事的最难的还是卖书。"这是我们将在第五章要讨论的内容。

5 图书销售

引　言

为了在市场中占有一席之地，所有出版商都需要盈利；即使对于小部分并不以市场盈利为主要目的的出版商来说也是如此。同样，图书作者如果希望其著作被广泛阅读，也需要通过一系列的商业交易过程才能将其作品传送至读者手中。图书、期刊、报纸以及其他印刷品的销售渠道和网点很多，同样，它们到达读者的途径也很多。然而，它们都具有一个共同的特点：货币交换。在本章中，我们将探讨有关图书销售的一些内容。

一般而言，出版商并不直接售书给最终用户。对有关精装书的销售或消费者而言，出版商一般通过书店售书给大众。因此我们可以认为，出版商自己的市场是面向书业的零售商，也就是书店。平装书的销售范围比精装书宽泛得多，在很多并不能称之为书店的销售点都可以找得到平装书。图书贸易在很大程度上是由批发商来运作的，因此一本书销售成功的关键在于如何影响购书者。与此类似，大众类杂志通过较大范围的书刊销售点进行销售，这些销售点小到报摊，大到全国连锁店的分店，几乎遍布于每个主要街道和商场。

虽然存在一些直接面向个人的广告和促销活动，许多科学、技术和医学(STM)类、学术和专业类图书都采用类似于大众类精装本图书的销售途径,但是通过书店销售以及面向个人的直销仅仅是图书销售的一部分。我们应当看到,各类图书馆,尤其是公共图书馆和中小学、学院及大学图书馆成为市场购买的主力,这些图书馆经费的波动对整个书业具有举足轻重的影响。当然,尽管在专业图书市场中图书馆是主要消费者,但个人购买的图书和图书馆购买的图书之间也存在一些相同之处。

这一点在学术期刊市场上尤为明显。由学术协会出版的期刊理所当然会被分发给其会员,但图书馆订购显然更为重要。对商业性的学术期刊而言,图书馆订购往往意味着真正意义上的总收入。复杂繁多的代理商网络和活动推动了这一类的交易。图书宣传的目的在于获得图书馆的大量订单,而这类宣传可能是面向能影响订购决策的学者,而非实际持有经费的图书馆员。即使面向最终用户的传递系统可以绕过传统制度意义上的图书馆。面向单位销售的重要性对于电子期刊而言更为显著。因特网的发展已经开始对书刊零售业产生重要的影响,它不仅仅是一种宣传媒体,许多因特网书商直接售书给大众,从而形成与零售书店的竞争。我们会在恰当的时候谈论这一点,同时谈论有关传统的面向读者直销的一些内容,如读书俱乐部。

为了理清这一系列复杂的活动,我们将从不同角度探讨图书销售。主要包括以下关键问题:

- 书刊零售业和书店;
- 图书批发;
- 电子商务的影响;
- 单位市场。

按照传播模式的顺序,我们正在讨论的是在商业背景下,从作者到读者这一传播过程的最后一个阶段。

大众类图书销售

在英国和美国,有各式各样的大众类图书销售网点。尽管在英国的图书销售业中，对于销售网点并没有一个明确的分类标准，但普遍认为可以分为以下几种：

- 连锁书店；
- 独立书店；
- 糖果店、烟草店、报刊销售店；
- 超市；
- 其他商店；
- 图书俱乐部或图书邮购服务。

自 20 世纪 80 年代中期以来，连锁书店已经逐渐在英国的图书零售业中占据主导地位，并且确实有争议地引发了一场图书销售的革命。它们规模较大且种类齐全，往往坐落于各个主要街道和商场的重要位置，而且其雇员都受过良好教育，充分胜任工作，从而极大地促进了其大众类图书的销量。这种新的图书销售方式的创始者是瓦特斯通书店（Waterstone's），其后伴随着不同程度的热情和不情愿，又有迪龙（Dillons）、布莱克威尔（Blackwells）以及其他一些书店加入进来。按照图书销量计算，这些连锁书店目前已占据了英国 25% 的图书市场份额。在美国，类似的连锁书店在 20 世纪 90 年代早期就已经占据了同样份额的精装本图书市场。连锁书店具有极强的购买力，这使得它们能从出版商手中获得很好的优惠。通常的图书折扣价格范围一般为推荐零售价格的 35% ~40%，而连锁书店往往能取得此范围内的最高折扣。与其对手相比，连锁书店的优势非常明显。另外，连锁书店拥有令人印象深刻的企业形象，却又不乏其个性化特色。虽然图书的进货过程通常是集中式的，但书店经理也可以根据他们对于当地市场的了解，订购合适的图书，以及在他们认为合适的时候开发市场。因此，连锁书店的各家分店就同时兼有经营规模和本土化的优势，这使得它们成为整个行业中极具实力的参与者。

虽然连锁书店的重要性和影响力无法否认，但并非所有人都看好其影响力。有人指责它们造成了 20 世纪 90 年代中期英国大众类图书市场所谓的崩溃，然而回顾历史，那不过是持续时间很短的销量下降。有一种观点认为，连锁书店开新店的时机不当，当时的问题是消费者的缺乏和非书店的不足，因此，这些新店的开张进一步恶化了已经岌岌可危的市场。对此，连锁书店一方面反驳这些观点只不过是传统主义，另一方面则以持续的市场扩张及成功表现更为有效地证明自身的重要性。

书业的传统零售网点一般被称为“独立书店”。它们一般由个人或家庭所有并经营，地点单一，并能为顾客提供高标准的服务。对于部分独立书店而言，事实确实如此。但是面对大型的全国连锁书店的竞争，这样的经营方式存在着明显的问题。独立书店的市场份额还没有一个明确的数字。一项研究表明，1999 年独立书店占据了英国 16% 的市场；而较早的研究表明，1994 年其市场份额为 28%。但是，这两组数据具有何种程度的可比性还不得而知。如果两者确实具有可比性的话，那么“没落的商人”这一说法得到了验证，独立书店的市场份额逐步减少。但是，独立书店的定义中包括了所谓的“廉价书店”，它们销售廉价版本的图书以及出版商的余货。有一部分“廉价书店”并不是真正独立的，它们可能是小型连锁书店的分店，广泛分布于市镇中并且往往与廉价图书批发商有密切的关系。没有数据能帮助我们确认在独立书店市场中，到底是拥有良好服务质量的书店，还是廉价书店的市场份额下降了。但是，不容置疑的是，连锁书店目前已经成为大众类图书零售市场的排头兵。在 20 世纪 90 年代晚期，美国的连锁书店在所有图书零售书店中占据了 54% 的市场份额。在 1998 年，英国的 4 家连锁书店集团拥有 42% 的图书零售销售额。

连锁书店和质量优良的独立书店往往拥有非常类似的库存图书种类，其区别在于数量而非种类。一家独立书店一般可能拥有 20 000 册图书，而一家连锁书店分店拥有的图书数量通常为其 2 倍。当然，它们都拥有精装本和平装本图书。

但是，大众市场的平装本图书的流通是通过许多并非书店的销售网点。糖果店、烟草店、报刊销售店（CTN）销售机构往往被视为在英国图书销售业一个单独的分支，主要包括糖果店、烟草店和报刊销售店。这类商店几乎遍布英国的各个市镇，大多只拥有少量的大众市场平装本，通常只有 50 种左右的图书，每种 1 本。市场评论员一般认为 CTN 销售点在大众市场的平装本图书销售中非常重要。但是，由于它们在 20 世纪 90 年代中期只占据了总图书零售份额的 4 %，因此还无法确定其地位的重要性。可以确信的是，对于 CTN 销售点而言，图书销售仅占据其经营业务的很小部分；同时，CTN 的图书销售业务也只占图书零售业的一小部分。

但是,由于其成本低廉并且有利可图,利用CTN销售图书对于双方都有好处。

实际上,平装本图书出版商渗入市场的深度取决于那些并不被认为是正规书店的销售网点的销售情况。二十年前,这些销售额大部分是通过CTN销售点获得的。现在,由于CTN销售点仅服务于有限的本地区域以及很少的顾客人群,我们不再对它加以讨论。首先我们来看看超市这种销售方式。超市,通常位于市区郊外,自从20世纪80年代中期以来已经成为英国零售业革命的领头羊之一。目前,超市已经主宰了食品零售业,并且直接或间接地渗入园艺、自助服务(DIY)、家庭用品、服装和家具等高利润行业。从1985年起,超市也开始销售图书。当时,专业儿童读物出版商塞巴斯汀·沃克(Sebastian Walker)与塞斯布瑞超市(Saisbury's)签订了图书销售协议,这极大地震惊了书业中的传统销售者,但他们却无法加以阻止。确实,这是一步妙棋,因为虽然大部分儿童读物的购买者是家长而非孩子自己,但在逛超市购物时孩子们会陪同家长。当然,还有一些平时根本就不进书店的家庭,也因到超市使得他们注意到这些儿童读物。对于那些家庭经常光顾的商店而言,这种现象更为明显。否则的话,他们也许根本没有机会去考虑购买这些图书。据估计,在此后十年的时间内,超市销售了大约10%的儿童读物。到1999年,超市的图书销售额占到了总图书销售额的5%。然而,在1990年之前,超市的图书销售额的增长率几乎为0,1994年也仅有1%。[1] 大型超市开始购入一小部分大众市场平装本读物,以及关于烹调、家居装饰和其他一些明显与所售产品相关的图书。

其他销售图书的商店涉及各种各样的行业及其销售网点。到目前为止,最重要的当属连锁报刊销售店。它们既不像瓦特斯通(Waterstones)或布克斯(Books)等正规书店,当然也不同于CTN销售点。该市场的领导者是史密斯公司(W. H. Smith),它本身是一家英国机构,在18世纪晚

---

〔1〕 1999年数据参见贾尔斯·克拉克(Giles Clark)的*Inside Book Publishing*, London: Routledge, 2001年版,第69页。艾莉森·白维斯科(Alison Baverstock)的*How to Market Books*, London: Kogan Page, 1997年版第11页提供了1994年1%增长率这个数据,但没有任何1990年的数据。这充分表明了超级市场快速且重大的发展。

期开始成为伦敦的报刊销售店。19世纪四五十年代，它通过铁路网络进行扩张并逐步占据了英国绝大部分的图书市场。20世纪中叶，史密斯公司同时从事报纸和杂志批发、图书零售（尤其在火车站，当然也在它所称的“城镇”店进行零售）和杂志销售业务。第二次世界大战以后，它进一步扩张，进军图书俱乐部、平装本图书批发和其他业务。史密斯公司的商店里除了售书以外，还出售文具、饰品和礼物，并逐渐开始销售唱片、磁带和光盘。经过一番困难和大规模重组，史密斯公司于20世纪90年代初期以强大的、无所不在的连锁店的形式出现，分布于各个主要街道和商场，以出售畅销的精装本、平装本图书为主。史密斯公司是独一无二的，至少因为它是随处可见的、安全的，并且最重要的是，遍布于各个主要场所，如主要的火车站，现在又扩大到机场和汽车站。

虽然史密斯公司是独一无二的，但这并不意味着它是唯一在大部分市镇销售图书的综合类商店。在各种加油站、食品店、花店以及业余爱好的店里，实际上几乎所有出售物品以丰富人们兴趣的商店里都可买到图书。这些销售能创造多少价值？据估计，除去史密斯公司，它们约占所有图书零售额的10%。

连锁书店和独立书店在英国的大众类图书零售业中处于核心地位。如果将史密斯公司的销售活动统计在内的话，这两者可能占到所有图书贸易额的一半以上。但是，对于其他商店，不论是CTN这样的传统销售点，还是超市等相对较新的销售点，它们为图书进入传统书店无法触及的市场提供了宝贵的渠道。英国和美国，以及其他各地的图书销售革命包括了许多方面。连锁书店几乎在所有市镇都为好书提供了全新漂亮的销售网点。廉价书店提供价格便宜的图书，这有助于培养人们买书的习惯。超市和其他使人心理上感觉安全的购书环境为那些害怕去“真正的”书店的人提供图书，也能吸引很多每次都花费大量金钱购书的顾客。这一切导致了市场进一步的发展和成长。但是，这些发展也告诉我们，为什么同一现象在不同人眼中会完全不同。瓦特斯通所谓的成功，以及诺里（Norrie）关于高质量独立书店的看法，这些都是正确的，但同时又都是错误的，因为购书者越来越多，而可以买到书的地方也越来越多，有时甚至越来越好。无论是对出版商还是购书者而言，这些才是最重要的，也是零售业革命所带来的真正的好处。

图书俱乐部与直销

图书邮购业务,尤其是通过图书俱乐部所进行的邮购,并不属于任何店铺形式的销售,这是值得从图书零售内容中单独提出来讨论的。

图书俱乐部在许多国家已经有超过五十年的历史,但直到最近才在英国和美国变得尤为重要。图书俱乐部的运作原理十分简单。俱乐部会员必须承诺每年内根据每月的图书目录购买最低数量的图书。大部分俱乐部都会向会员提供一本"每月推荐图书",除非会员加以拒绝。同时,它们也另外提供其他一些可随时购买的图书(许多是以前的"每月推荐图书")。每个俱乐部的规定可能会有所不同,如有些俱乐部可能会要求成员在入会后的前 6 个月或 12 个月之内购买更多数量的图书。俱乐部一般通过报纸,尤其在印刷精美的周末增刊上刊登广告来招揽会员。大多数俱乐部往往会在会员入会之初,以令人惊讶的低价优惠出售一定数量(一般为 4 ~6 本)的图书。这样赔本出售的目的是为了招揽生意。

传统的独立经营的图书销售商往往以怀疑的眼光看待图书俱乐部。很多年来,英国图书俱乐部不得不按照书商协会和出版商协会所制定的规则来经营,而这些规则是为了保护图书零售店不至于受到低价竞争的威胁。在 20 世纪八九十年代,图书俱乐部逐渐增加其市场份额,到 2000 年达到了 15% 左右。当时英国最大的图书俱乐部管理机构图书俱乐部协会(BCA)拥有 20 个俱乐部和大约 200 万会员。图书俱乐部的成功在于为其会员提供了极大的便利。它们通过缩小选择的范围,从而克服了书店因图书过多而带给读者的手足无措之感。和书店相比,对于同一本图书,它们可以提供超乎寻常的低价;精装本的价格一般只相当于市面上平装本的价格,而大众平装本的价格则是市面价格的一半。但俱乐部的出现也为书业带来一些好处。它们往往从出版商手中购买大量图书,这使得它们能取得高达 70% 的折扣;同时,实际上也使得出版商可以增加印量,从而减少了单位成本。这些节约出来的成本可以从大众图书在书店的零售价格上体现出来。此外,更广泛地说,图书俱乐部可以刺激那些本来不准备购买精装本图书的人而诱使他购书,提高人们买书甚至读书的愿望,从而使整个书业获利。当然,仍没有证据表明精装本图书的零售量会因为图书俱乐部而损失,实际上它们的发展往往伴随着整个图书销量的上升。

图书俱乐部提供的图书往往是中间市场的大众类图书,包括小说和非小说。一些专业化的俱乐部(如历史书俱乐部)则提供非常流行的学术类图书。大部分俱乐部都提供一些主要的参考工具书,为招揽会员而低价出售。[1] 从某种意义上来说,图书俱乐部属于从生产商(也就是出版商)到最终用户直销的一种特殊形式。直到最近,图书直邮的市场手段在英国才得到高度重视。过去,图书直邮的成本昂贵而回报率甚低,因此被人们所放弃。它最多被视为出售昂贵图书和少量专业性极强的图书的一种边缘方法。20 世纪 90 年代,图书直销才开始在英国得到普及,至少对一些特定种类的图书而言确实是如此。

在英国,图书邮购业务的发展部分间接得益于使用计算机保存邮件列表(mail list)这一普遍趋势。这种邮件列表是具有很高价值的商品,尤其对于包含具有重要影响力、富有或具有共同爱好的人的列表而言更是如此。团体机构的成员列表,或根据"名人录"这样的参考工具书形成的数据库就是很好的例子。这些列表的拥有者将其出售给顾客[2],这当中也包括了出版商。例如,一个关于学术协会成员的列表可以被用来宣传这一专业领域的最新图书,同样具有一些共同爱好的人或群体的成员列表,如某个足球俱乐部或观鸟俱乐部的成员列表,也可以用来进行图书宣传。对于出版业余爱好和休闲娱乐类图书的专业出版商而言,根据相关组织的邮件列表进行图书直邮是非常有价值的市场手段。学术类,科学、技术和医学(STM)类和专业类图书出版商也为图书直邮作了大量的图书

---

〔1〕 例如,图书俱乐部协会(BCA)就是通过这种方式提供《简版牛津英语字典》(*Shorter Oxford English Dictionary*),甚至《英国传记辞典》(*Dictionary of National Biography*)的缩印版。然而,虽然牛津大学出版社出版以上两种图书,但它并不是图书俱乐部获得图书的最主要来源。

〔2〕 在一些国家包括欧洲国家,《数据保护法案》(*Data Protection Act*)及其他相关法律对此作出一系列的限制。但实际上,出现在列表上的人并非不同意列表所有者将列表出售给别人以供其使用。参见艾莉森·白维斯科(Alison Baverstock)的 *How to Market Books*, London: Kogan Page, 1997 年版,第 120 – 123 页,邮寄列表一节。

贮备。他们期望可以同时刺激实际销量和公共图书馆的订购量，也有证据表明已经有人取得了成功。然而，0.8%的直邮广告反馈率却完全低估了它们的实际影响。据估算，1999 年邮购业务占据了英国图书市场 9%的销量。图书直邮业务发展带来的一个影响是，为争夺零售顾客，书店直接和出版商形成了竞争。

竞争是英国书业中一个棘手的问题。书店不但彼此之间有竞争，还要和其他销售网点、图书俱乐部以及出版商的直销形式竞争。但到目前为止，他们所能做的还仅仅是为其顾客提供更好的或不同的服务。和英国的其他零售商不同，书店无法占据价格上的竞争优势。在讨论图书销售的其他方面，尤其是批发业和面向图书馆的图书供应问题之前，我们必须对图书定价和价格竞争的整个问题加以考虑。

图书价格和图书净价协议的消亡

几乎整个 20 世纪上半叶，从 1900 年到 1950 年，英国书业一直在图书净价协议（Net Book Agreement）的强制约束下发展。我们对图书净价协议的细节并不关心，但必须大概了解其运作原理，因为其消亡的后果仍然对英国书业的一些从业者具有极大的影响。根据该协定，出版商可以设立图书的最低零售价格。书商同意遵守这一规定，作为回报，他们可在零售价格（或称为"净价"）的基础上获得折扣优惠，以便获得利润。折扣（通常为批发折扣）一般在 30%左右，但从 60 年代中期开始，折扣率有所攀升。尽管实际上所有英国的出版商都会为图书制定一个净价，但出版商并不被强制要求这样做，唯一明显的例外是大批量销售给学校和教育部门的教科书。违反图书净价协议的书商会受到制裁：出版商将不再为其提供可观的图书折扣。

在 60 年代中叶，图书净价协议的合法性首次受到 1964 年价格维持法案（The Resale Price Maintenance Act of 1964）的挑战。反对图书净价协议的诉讼案在限制竞争法院（Restrictive Practices Court）得到审理，并得到法庭极好的支持。法官几乎没有质疑地接受了英国书业的观点，特别是"所有图书都是不同的"这一中心论点。[1] 这一诉讼的要点在于，如果缺少了协议的保护，零售书店在经济上得不到保障，并将不愿意保持一定数量的库存。另一方面，出版商也将不会愿意出版那些虽有需求但数量又有限的图书。文化、文学和学术类出版将会大量减少，这对公众是没有益处的。所有的争论几乎完全围绕着这些观点展开；即使是提起这场诉讼的限制竞争登记局（Registrar of Restrictive Practices），也并没有质疑图书贸易是否应该为了适应形势的变化而做出相应的改变。

在此后的二十年中，图书净价协议仍然毫无疑义地继续被执行。直到20世纪80年代，随着自由市场经济开始主宰英国的政治和商业生活，新的挑战随之而来。在理论上，经济学家把图书净价协议视为最后残存的价格控制的例子加以质疑，而这一点正是它最具危害性之处。垄断和兼并委员会（Monopolies and Mergers Commission）重新对图书净价协议进行了审定，同时，欧共体委员会也开始对其产生兴趣，将其视为自由贸易这一欧共体政策基石的障碍。看起来，在90年代中叶，图书净价协议很可能在一系列尤其是来自欧洲的对其合法性的质疑声中被废除。然而最后促成其终结的却是来自书业内部。彭透斯集团（Pentos Group）（包括迪龙和其他书店）的董事泰瑞·马赫（Terry Maher）宣布：本公司打算以一定折扣出售图书。在一段时间内，这还没有打破平衡。但是，当史密斯公司（W. H. Smith）也宣布退出图书净价协议后，这一协议就彻底消亡了。1995年年底，英国的零售书店在20世纪内第一次开始了价格竞争。[2]

这一结果立即在书店中得到了反映。特别是连锁书店推出了很多宣传策略，这些策略在随后的若干年中越来越为消费者所熟悉。出版商继续像其他生产商一样提供推荐零售价格（RRP），但是书店往往会以更低

〔1〕 之后，这个短语被用来作为书业自身诉讼的标题，同时对于那些试图深入研究20世纪中期英国书业心理的人，这也是最基本的资料。

〔2〕 在有关NBA的事情上，我曾经非常依赖我的同事詹姆士·迪恩里（James Dearnley）。这里，我非常感谢他允许我使用他的博士论文《1962—1997年净价图书协议的衰落：对其原因和影响的研究》（拉夫堡大学，1997年）（*The Decline and Fall of the Net Book Agreement 1962—1997: A Study of cause and effect*）。

的价格销售——一般比推荐零售价少2英镑。另一种折扣形式是以两本书的售价出售3本书(通常是处于中间市场的平装书)。书店之间存在着直接的竞争。在图书净价协议被废除后的第一个圣诞节期间,最热卖的图书是由电视节目厨师迪丽娅·史密斯(Delia Smith)所写的,该书的折扣非常低且极具竞争性,并被声称达到了亏本销售的程度。在1996—1997年度,连锁书店对推荐零售价格的折扣平均保持在20%~25%,甚至比史密斯公司的折扣还低,而超市的折扣达到了35%。

图书净价协议支持者的可怕预言并没有实现,但是整个书业的重点发生了巨大转变。在1995年10月至2001年8月间,英国书商协会中的独立书店会员数(不足1 900家)减少了200家左右。[1]然而,从90年代中期开始,连锁书店得到了令人惊讶的发展。从1998年开始,英国的三家主要连锁书店极大地扩展了零售空间,而史密斯公司的零售空间则增加了两倍多(表5.1)。[2]英国第一家图书超市在20世纪90年代末的诞生从另一方面显示了其潜在的力量。1995—1999年间英国大众类图书销售量的年增长率达到了3%,也正是这一发展趋势的体现。独立书店的相对减少对其经营者和雇员来说,毫无疑问是经营生涯和个人生涯的不幸,但是普通大众却得到了比90年代中期之前更好、更便利的走进书店的机会。即使没有了图书净价协议的保护,整个书业仍然明显地得到了繁荣的发展。

表5.1　1998—1999年图书零售空间

类别	1998年零售空间(平方英尺)	1999年零售空间(平方英尺)
连锁书店	1 559 000	1 898 000
史密斯公司	1 300 000	2 900 000

事实上,英国的零售书业不得不学习新的技巧。成功的书商(包括连锁书店和独立书店)开发了新的宣传方法,并采用了许多长期以来为其他零售商所熟知的市场开发技巧。在20世纪90年代中期,一些具有

〔1〕　该数据由书商协会(Booksellers' Association)提供给詹姆士·迪恩里(James Dearnley)博士,并经迪恩里同意使用。

〔2〕　数据来自《出版信息》(*Publishing News*)和《书商》(*Bookseller*)上的统计信息。

远见的观察家认识到这将是生存的唯一出路。音乐零售业就被视为一个典型。其他人则推荐使用一些特殊的技巧(很多已经得到采用,如"买一赠一"和"买二赠一"等)和传统的、适用于一般商品的宣传方式。

然而,价格竞争改变了出版商和书商之间的经济关系。当图书净价协议仍然生效的时候,在生产者和销售者之间存在一种相对简单的计算折扣和分配利润的方法。一般来说,书商向出版商购买图书时支付图书净价的70%,即得到30%的折扣;按照估算,这能保证零售商从每本出售的图书中获得5%的利润。同时,出版商的成本和管理费用一般只有净价的60%,从而为其带来略低于批发价10%的利润。[1] 出版商根据出版和生产费用确定图书净价,然后再计算产生上述利润所需要的价格。然而,当这种由出版商制定零售价的体制消失以后,情况发生了根本的变化。在推荐零售价基础上的折扣率升至35%~40%,但这些折扣率数字仍然是可以协商的。有时,当连锁书店打算以低于推荐零售价的价格销售图书时,只能得到25%的折扣。这是为了增加销售量,从而为供应链上的每个人提供更高的总收入。关键在于出版商必须确定每本书为了获得利润而需要产生的收入,并为此制定推荐零售价和一致认可的折扣率,从而促进图书销售。整个过程是十分复杂的。

下面我们用一个假设的例子来说明目前书业面临的定价难题。假设印刷1万册图书,每册的成本为3英镑,推荐零售价格为10英镑,当图书以40%的折扣率批发(即批发价为6英镑)时,出版商的最大利润为3万英镑;当折扣率为25%时,利润为4.5万英镑。那么,为什么出版商还要提供更低的折扣呢?答案是为了增加图书销售总量。如果印刷5万册图书,每册的成本可能降为1英镑,如果保持10英镑的推荐零售价不变,那么,当以25%的折扣率批发时,出版商的利润将是32.5万英镑(表5.2);以10英镑的推荐零售价20%的折扣率(批发价为8英镑)销售时,书商将从每册图书中多获利0.5英镑。如果书商以8英镑批发价能取得比10英镑售价多出2倍的销量,利润则会更多。当然,在实践中,5万册图书会被出售给许多不同的书店,其中一些将保持推荐零售价,而另一些则

---

[1] 过去的几十年,这在整个书业得到了广泛的接受。典型的分析报告可从价格委员会(Price Commission)获得。

会以折扣价出售。但是,上述例子所体现的原理可以很好地解释连锁书店如何能承受从出版商处购进大量有可能销不掉的图书时而接受一些不够理想的折扣。连锁书店会产生巨大的现金流,它们仍能从每本售出的图书中获利并吸引更多的顾客进入。因此,出版商和连锁书店都能从中受益;而那些无法大批量销售图书的小零售商为了产生足够的现金流只能以全价销售,因此它们的利益必然受到损害。这就是造成独立书商相对减少的深层次经济规律。

表 5.2 折扣率对利润率的影响

	10 000 册(英镑)	50 000 册(英镑)
每册成本	3	1
(每册)推荐零售价格(RRP)	10	10
(每册)推荐零售价格减少 20%后的价格	8	8
出版商成本	30 000	50 000
出版商收入		
推荐零售价 40%折扣率(批发价 =6 英镑)	60 000	300 000
推荐零售价 25%折扣率(批发价 =7.5 英镑)	75 000	375 000
出版商利润		
推荐零售价 40%折扣率	30 000	250 000
推荐零售价 25%折扣率	45 000	325 000

从出版商的角度来看,关键问题在于处理成本、推荐零售价和批发折扣率之间的正确关系。对于许多处于中间市场类的图书,出版商会冒风险假定一个更低的批发价,每册图书产生极低的销售收入,从而带来销量的足够增加,降低每册图书的生产成本。这一点是至关重要的,因为表

5.2 有可能在一个关键方面引起误解。书商以 8 英镑(在推荐零售价格基础上 20% 的折扣率)购入图书时,相比于 6 英镑(推荐零售价格基础上 40% 的折扣率)的价格,显然牺牲了潜在的利润。但是,这并不能完全解释每册成本对于出版商的影响。实际上,1 万册图书的收入,即使是以 25% 的折扣率售出,尽管具有虚拟利润,也可能并不足以维持其经营,因此出版商不得不提高推荐零售价格,从而对零售量造成影响,尤其对连锁书店而言更是如此。所以对于任何行业来说,如何制定一个既能产生利润而又不影响销量的合理价格,是其成功的关键所在。

图书批发和图书发行

到目前为止,我们假定将图书流通至书店这一业务流程只涉及出版商和书商,这并不完全符合实际情况。因为即使在最直接的“出版商—书商”这一销售模式中,也存在着第三方,即图书运输服务提供商,他们负责将图书从一个地方运送至其他地方。另外,在整个供应链中还存在大量其他可能的参与者。批发商是其中最为常见的。在整个 20 世纪的后半段,由于批发商没有参与英国大部分的图书贸易,这引起了人们的注意。一部分原因是历史造成的。从 19 世纪中叶以来,英国的图书批发业一直被一个公司,即 Simpkin Marshall 公司所控制。该公司的所有房产和库存都毁于德军的闪电战中。在第二次世界大战后,由于所需资金成本太高,重建该公司的努力失败了。这导致从 40 年代中期开始,英国书业形成了一个采用从出版商到书商的直接供应链的图书发行系统。

对于那些参与其中的人来说,以“系统”一词来描述这一图书发行方法显然太乐观了。实际上,这条供应链的效果时好时坏。20 世纪 70 年代末期,英国共有 35 000 家店铺销售图书,这其中只有不到 3 000 家是具有一定图书库存和拥有合理素质员工的“真正”书店。书业的精英是书商协会中 500 家左右的创办成员,他们都保持了一定标准的图书库存、展示和服务。同时,英国还有大约 2 000 家出版商,其中约 20 家出版商专注于大众出版。这往往导致混乱。出版商每天都接收到来自数百家书商的订单，而书商每天也向大量出版商发送订单。一些订单仅仅是订购重版目录中某本书的单行本，另外一些则是大量订购某本新书。在行业内部对此存在某种满足感，[1]而少数外界分析家有时却对此感到吃惊，因为他们发现后果往往被掩盖了。也有极少数例外，比较著名的有菲利普·昂温公司（Philip Unwin），它承认有时出版商对书商订单的处理会滞后长达1个月之久。然而，这是非常有争议的，从而导致《书商》杂志为此开展定期调查，揭发违规者并坚持不懈地为提高效率而发起活动。问题的本质在于战后英国书业的特殊结构具有内在的低效率供应这一缺点。图书净价协议的保护伞再一次损害了消费者和喜欢冒险的书商们的利益。

20世纪70年代，仅有少量的批发商，但是他们几乎经营所有的平装书市场，并且在处理订单方面并不比大众出版商更为高效。随着科技的发展，通信越来越快捷，订单的作业处理也越来越完善，因此，情况开始逐步得到改善。1967年以后，标准书号系统（即现在为人所熟知的ISBN）的投入使用为每本书提供了一个唯一的标识符，从而能方便利用计算机生成、记录并传输订单，然后生成发货单。1979年，首次推出的远程订购系统现在看来还较为不成熟，但在当时已较为先进，并在80年代的一段时间得到了改善。条形码开始出现在书籍封套和平装书封面上，这使得人们可以使用电子销售点（Electronic Point of Sale，EPOS）设备监控销售和库存情况。随着科技进步所带来的高效率，批发商开始在书业中扮演起一个新的角色。

这种新角色主要与小型的，尤其是独立的书店有关。对于这些书店来说，管理良好的批发商可以提供非常有效的供应渠道。他们具有大量资金，可以对系统和库存投资，还可以提供非常高效的服务，对于任何超过最小适度额度（通常为100英镑）的订单处理只需1个工作日的周转

[1] 参见托马斯·乔伊（Thomas Joy）的《图书销售》（*The Bookselling Business*），伦敦Pitman公司出版，1974年版。它较为详细地描述了图书的订购和接收过程（第29－44，48－54页），然而对从订购到接收所需要的时间没有作任何的说明。这在艾琳·巴比基（Irene Babbidge）的《如何开始做图书销售》（*Beginning in Bookselling*）中有所提及。值得一提的是，乔伊曾担任过哈切兹书店（Hatchards）多年的总经理，这是伦敦一流的书店；而巴比基则是她那个时代最值得尊敬的独立书商之一。

时间。对于小型书店，利用批发商不但是一种经济的选择，而且可以保证它们在处于价格竞争的劣势时，可以与连锁书店进行服务竞争。同时，小书店（必须同时与连锁书店以及独立书店打交道）也能通过向批发商和其他机构购买仓库服务和流通发行服务来节省成本。专业学术出版商倾向于遵循大西洋两岸都采用的同一模式。一些大型大众出版商仍然拥有自己的仓库和发行系统，但他们当中的大部分目前要么利用批发商或发行商，要么为其他机构提供批发和发行服务。各种不同的压力促成了行业内的这种趋势。这些压力主要有：对复杂和昂贵的信息系统进行投资的需要；大部分出版商希望通过批量销售而尽快收回成本以提供更具竞争力的价格的意愿；连锁书店出于同样原因而希望降低成本的需要；独立书店、小型和专业出版商与连锁书店和大集团竞争所处的特殊困境。不论出于何种原因，21 世纪初期英国的图书发行很可能比以往更加高效且更加经济。在理论上，24 小时的周转时间是可能的，而 1 个星期的周转时间也是正常的。然而，发生根本性变革仍然存在着一些阻碍因素。业界外的顾问们早在 1998 年提出的建议直到现在仍然没有被采纳。随着图书净价协议的终止，批发和发行也和图书零售一样得到了改革，但是目前在这一领域还没有产生任何收益。

电子商务和书业

图书净价协议的消亡当然并不是促成 21 世纪初英国书业发生变革的唯一因素。事实上，对于英国的大众出版商和图书零售商而言，图书净价协议基本上只是他们关心的一小部分。在全球范围内，英国图书业是一个主要的参与者，而信息科技的影响更为深远。我们在本章和上一章中曾多次谈到这一点。例如，图书作者对于文字处理软件的使用使得他们与出版社编辑之间的关系产生了根本性的变化。数字形式而非纸质形式的出版物使得参考工具书出版和学术期刊出版的某些方面发生了巨大变化。印刷，这一图书生产最基本的技术过程也产生了类似的改革。

在某些方面，信息科技只是把事情变得更容易或更有效率，而不是产生根本性的差异。例如，作者仍然通过键盘输入其作品，工作之所以变得更容易，是因为不再通过机械的打字机操作，文字处理软件提供了纠错和修改的功能；工作之所以更有效，是因为在排版和校正过程（从作者观点来看）中节省了时间。类似地，作为实物而言，图书仍然和它们十年前，甚至是五百年前一样；改变的只是其制作过程和一些制作材料，而不是作品本身。但是，在其他一些方面，变化是根本性的。在第六章中，我们将对这些问题更详细地加以讨论，如电子图书和期刊的发展以及经济和文化因素对于作者、出版商和读者的影响。在图书的零售中，信息科技的影响，尤其是电子商务的影响表现在多个层次：它促进了现有活动并创造了新的活动，更多的影响则是介于两者之间。

我们已经看到信息科技使得图书的流通发行更为高效。我们现在需要进一步探讨零售业的本质特点是否产生了更为根本性的变化。也许，电子商务在书业中最明显的表现就是在线图书销售公司。其中，亚马逊公司（Amazon. com）是第一家，也是最为突出的一家。它是一家美国公司，于1995年7月开始运营，声称拥有160个国家的大约2 900万消费者。它出售的产品范围很广，既包括图书，也包括音乐CD、DVD和电脑软件，目前甚至开始涉足家具产品和其他一些远离书业范围的物品。在英国、法国、德国和日本，亚马逊公司也开始建立独立的分支机构。英国分支公司的前身是1996年开始经营的一家独立公司——书页公司（Bookpages），1998年被亚马逊并购。到2001年3月，它已经吸引了300万消费者，可以提供120万册英国图书和25万册美国图书。公司在英格兰中部拥有发行仓库，号称英国第三大书店。这一称号基本上是合理的。德国子公司成立于1998年，到2001年中期能提供100万册图书，其中65万册英语图书，50万册美国出版物。法国分公司发展较晚，但在运营的第一年（2000—2001年）中就提供了20万册法语图书和70万册英语图书。

亚马逊公司为书业的全球化和多样化做出了榜样，并且有力地证明了我们之前所得出的结论：英语是一种国际化的出版语言。当然，亚马逊并不是唯一一家网络书商。一些经营良好的书店也开始采用网上销售来替代传统的书店或邮寄购书方式。这其中包括历史悠久的主要学术图书的书商如英国布莱克威尔（Blackwells）集团，以及美国的巴诺连锁书店

(Barnes & Noble)。甚至图书俱乐部也已经开始采用互联网这一手段来维护其市场份额。[1]

像大多数其他行业的公司一样,书商和出版商也开始采用万维网(WWW)这一载体。1998 年进行的一项调查表明,在建有互联网网站的出版商中,有 36% 提供了在线购书功能,而且其综合功能达到了较高的水平;而 80% 的图书销售商也已提供了在线购书服务。也有一种说法认为,一些出版商并没有打算为个人用户提供在线购书服务,因为他们并不想疏远书店。这是有可能的。另一方面,这至少说明实际上出版商只是延续了他们不愿意与个人用户打交道的传统而已,因为他们的系统是适合与图书零售商和批发商打交道的。不管出于什么原因,很明显,网站逐渐成为将图书直销给顾客的基本方式,而且这一类的销售额似乎正在不断增长。

在线图书销售的发展是否会影响到传统的零售方法和销售网点,仍然是将来可能存在的一个问题。然而,已经有迹象表明这一趋势在一些地方开始出现。例如,在澳大利亚,图书邮购是非常重要的手段。在三四个主要城市之外,很少有较好的书店。全球性的网络书店正在对这些尚存的股份制书店造成损害。如前所述,直销方式在英国的国内书业中一直在传统上被视为边缘性的活动,但是,面对网络书商的竞争,即使在英国,这种看法也已经不再行得通了。当然,没有书店可以提供亚马逊公司那么大范围的图书库存。亚马逊可以非常高效地在几天内供应英国、美国和其他国家的任何图书。拥有在线书店的传统书商除非也建立起类似的经营规模,否则很难与之竞争。至少按照目前的情况看来,亚马逊公司作为开创者是这一领域的领导者,而传统书商还只能将互联网经营作为对传统店铺购书和邮寄购书的一个补充而已。2000 年 5 月,一位演讲人在书商协会会议上估计,当时有 3% ~5% 的图书是通过互联网销售的,并预测到 2004 年这一数字将上升到 12% ~14%。也有人并不赞成这一预测,但所质疑的也仅仅是这一数字的精确性(而非上升趋势本身)。过去的经验表明,不论在什么领域,一旦建立了互联网,对其利用率的增长是非常迅猛的。然而,全球图书零售业的电子化革命只是刚刚开始而已,

---

〔1〕 图书俱乐部协会的网址是 www. bca. co. uk。贝塔斯曼集团旗下的一个俱乐部网址是 www. bertelsmann. com/divisions/directgroup。

这对于小型的独立书店来说很可能不是什么好消息。

面向图书馆的销售

面向顾客的零售只是图书销售的一个方面。对于一般的大众类图书出版商而言，这一点是至关重要的。在大众市场类平装书的出版商眼中，消费者市场是最重要的。然而，对其他一些出版商以及特种书刊出版商而言，公共机构市场才是他们考虑的重点。当然，正像我们前面所讨论的那样，大众类图书与公共机构类图书之间的区别并不是非常明显。事实上，原本并不明显的分界线目前还在争议性地继续变得模糊。例如，在英国和美国，有证据表明儿童娱乐和学习读物的购买已经从图书馆购买方式转变为个人购买方式。与此同时，学术图书馆的购买已经从图书和其他印刷资料转向电子图书产品。即使在印刷产品领域，购买开销也已从图书转向期刊，这可能是因为期刊价格不断上涨且高于通货膨胀率，始终超过了图书馆预算的增长。

面向图书馆的图书和期刊销售一直以来在书业中具有重要的地位。据估计，英国出版商国内销售额的7%来自公共图书馆，对于某些种类的图书而言，这一比例几乎高达100%。1998—1999年度英国图书馆图书采购的总价值为9 190万英镑，这还不包括高等教育图书馆的4 740万英镑。对于某些种类的图书而言，图书馆是唯一的主要市场。例如，公共图书馆是精装本流行小说的主要市场，学术图书馆是专著和许多科学、技术和医学(STM)类图书的主要市场。对于大多数学术期刊而言，图书馆是唯一的重要顾客。有分析家指出，仅1998—1999年度英国公共机构市场的价值就达4 000万美元，约占学术图书馆预算数的80%。其他一些数据表明所有高等教育图书馆用于期刊的花费更高，约为6 300万英镑。[1]

[1] 对比总是会带来问题。这些数据来自克莱尔·克瑞斯(Claire Creaser)等编的"*LISU Annual Library Statistic* 2000",*Loughborough*: *Library and information Statistics Unit*。然而对于"期刊"(periodical)的定义比较复杂，在这些统计中则包括报纸、大众类杂志、年鉴以及学术期刊等。

在某种意义上,图书馆员应该和出版商、书商属于同一专业领域;而书业最近的发展,尤其是电子期刊的发展使得这一趋势更为明显,并且比以往更为广泛接受。

20 世纪中叶,英国书业产生了一个新的分支,专门用于满足图书馆,尤其是公共图书馆的需求。这些公司从出版商手中大批量采购图书,然后为公共图书馆提供专门的图书采购服务。这一现象的产生是因为出版商协会和图书馆协会在 1929 年共同提出的"图书馆经营许可"(Library Licence)方案,这一方案的参与者可以享受图书净价协议条款的部分豁免权。方案允许书商对图书馆所购买的图书可以在净价的基础上提供 10% 的折扣。虽然很多书店持有这些许可权,但是在 1960 年后这一市场被逐渐集中控制于一部分专业公司——图书馆供应商手中。这些供应商不仅以折扣价格提供图书,还提供更宽范围的服务,包括按照图书馆规范装订图书,插入图书标签、所有权标记和其他一些图书馆标签,等等。他们还根据自身需要或图书馆的需要提供新书的审核和检查服务。虽然英国书业的图书馆供应分支是由于图书净价协议的存在而发展起来的,然而在图书净价协议消亡之后,其仍然得以保留下来。即使在今天,图书馆供应商仍然像十年前一样,占据着主导地位,并有可能利用其新的服务与其他机构进行价格竞争,从而扩展业务范围。作为一种具有成本效益的处理日常工作的方式,他们提供的服务仍然吸引着图书馆管理人员。

"图书馆经营许可"方案虽然是针对公共图书馆(指免费为公众开放的图书馆)[1]的,但实际上其他图书馆也开始利用图书馆供应公司的服务。这些图书馆供应公司相当于图书馆的中介。例如,大学图书馆对外国图书,有时对内容艰深的图书,具有相对较高的需求,这就需要图书馆供应商具备满足这些需求的重要能力。尽管如此,专业图书馆供应商也从来没有完全占领图书馆这个公共机构市场,即便是在其活动最为频繁的 20 世纪的最后四分之一时间内。一些公共图书馆为了支持当地的书店而从他们那里采购部分图书。这种做法带有很明显的利他性,但是也具有其优势:可以更好地为用户提供本地出版的资料,而这正是图书馆供

〔1〕 20 世纪 60 年代和 70 年代早期,一些学院和大学图书馆试图进入这个方案,然而直到方案实行的最后二十年,仍没有缩小限制。

应商难以做到的。大部分独立书店都拥有一些图书馆业务，一些在伦敦、牛津、剑桥和爱丁堡的主要学术图书书商与全英国甚至是国际上的一些大学和学院图书馆都有业务往来。

连锁书店的发展对图书销售的很多方面都产生了影响。中等规模的独立书店数量的减少实际上进一步把图书馆推向了图书馆供应商。同时，连锁书店，尤其是拥有学术类书店的连锁书店，开始采用熟练而有效的图书馆供应管理方式以满足图书馆的特殊需要。与独立书店只能向本地大学提供 1 ~ 2 册的情况不同，即便是内容相对深奥的图书，只要其在英国市场存在一部分的需求，连锁书店就能提供相应数量的图书。然而，问题出现了。在图书价格上涨的情况下，图书馆预算的实际购买力下降了，这对图书馆图书供应分支产生了直接的负面影响。

为图书馆提供期刊是另一项专业业务。当然，图书馆会使用正常的商业渠道来订购大众类杂志或报纸（在一定程度上绝大多数会这样做）。与本地的报刊销售店（或者连锁书店分店）签订周刊或月刊的购买合同，或者直接邮购，是目前最为有效的供应机制。考虑到公共图书馆提供给用户的这些期刊的特点，这种方式能符合公共图书馆的绝大部分需要。但对于学术图书馆，情况就不是这样了。学术期刊的出版量一般很小，而且一般发放给出版协会的会员，或者只通过邮购发行，也有可能同时采用这两种方式。每一期刚出版的时候就会被有效地发行出去。为了保证这一需求能被有效而及时地满足，大部分图书馆利用专业期刊订购中介机构作为其供应渠道。

这些中介机构，有些实际上是主要图书销售公司的专门部门，从出版商手中购买期刊然后再出售给图书馆。和图书馆供应商一样，当期刊出版的时候，他们会按照要求并以一定的价格提供服务。这在图书销售领域并不常见。他们还会求购被遗漏的期刊期数（这对期刊图书馆员来说是不希望发生的），以便能保证提供当年完整的期刊索引。他们的利润来自于向图书馆收取的费用和从出版商那里获得的折扣。对图书馆而言，这样的好处是节省了时间和精力。只通过 1 ~ 2 家中介机构就能完成所有图书馆的订购（对大型图书馆而言可能就有成千的订数），而且所有的发货单和付款可以合并成为少量的交易。因为不用与众多的图书和出版商打交道，其中有些出版商可能只负责提供低价的图书，所以可以节省大量时间和开支。当发生错误的时候,中介机构还能避免图书馆员去面对由此引起的复杂处理流程。中介机构负责直接和出版商交涉,并保证图书馆的权利。这样的系统已经良好运作了很多年,现在的系统高度自动化,具有很高的效率。

向图书馆销售图书和期刊的问题不在于供应系统的效率,而在于材料本身的成本。我们前面已经提到,学术期刊的成本不断增加。有可能对这一行业带来的危害表现在日益减少的预算和日益上涨的图书价格共同对公共图书馆购书的影响。1988—1989 年度,英国公共图书馆的购书费用为 13 550 万英镑;而十年后的购书开支按照 1988—1989 年度的货币价值折算后为 9 110 万英镑。然而图书价格并不是造成预算压力的唯一原因。因此,购书总费用的百分比从 1988—1989 年度的 15.8% 降至了 1998—1999 年度的 11.2%。如前所述,学术图书馆开始将购买开销从图书转向期刊,在 1998—1999 年度,英国的前 1 992 所大学购买期刊的总开支为 4 430 万英镑,而购买图书的费用为 2 590 万英镑。

然而,正是在图书馆,互联网开始对出版界产生最深远的影响。在 20 世纪 60 年代,图书馆就开始采用机读目录;到 70 年代末,很多图书馆已经开始使用电子订购系统;到 80 年代中期,各个图书馆之间的采访和编目系统的全面整合已经是非常普遍的现象。随着图书馆员和用户对 IT 技术的日益熟悉,图书馆尤其是大学图书馆,更接近于 IT 服务供应者的角色。无缝服务已经得到重视,最终用户搜索时可以获得以任何合适的形式提供的信息:既可以是图书馆书架上的图书,也可以是文档供应服务提供的期刊论文的复印件,或者下载到用户电脑上的电子文档。随着 90 年代早期计算机网络的提出(大学最先接受这一概念),以及随着万维网(WWW)这一通用界面在 90 年代中期的发展,这一场景正逐步地成为现实。网络信息的熟悉化、简便化,更为重要的是其无所不在的特点,使得我们长期以来有关电子出版的梦想,尤其是对增长迅速、过于昂贵的学术期刊的电子出版的梦想得以实现。

在第六章中,我们将就 IT 技术对于书业,尤其是对于出版行业的影响在更广的范围内作进一步深入的分析。

6 信息技术与出版

引　言

本书中的大部分内容都暗示了、有时是直接阐述了计算机相关技术对于出版业的重要性。读者们对此也许并不感到惊讶。因为在当今社会的任何一个领域,如果不讨论计算机技术在其中所起的作用的话,将很难写出一本有关该领域的好书。当然,这并不是唯一主要的原因。信息和传播技术之所以在出版业的研究中具有特别重要的相关性,还存在一些特殊的原因。实际上,当我们使用“信息和传播技术”(ICT)而非简单地使用“计算机技术”这一术语时,这个原因就变得非常清楚了。对于任何商业领域来说,计算机可以用来进行组织管理并监控其经济状况,还可以对有关产品、市场和顾客的统计数据进行存储和处理。而信息和传播技术则为出版和图书贸易提供了有用的工具,这些工具都是针对与之相关的活动而专门设计的。计算机为文档的编写、存储和传播提供了极大的便利,而计算机网络则提供了获得这些文档的手段。因此,信息和传播技术开始逐步占据出版业的核心位置。本章将对此进行更为系统的探讨。

然而,我们首先需要区别广义上的计算机技术的不同功能。最为人们所熟知的硬件当然是无处不在的个人电脑(PC),也就是安装了一系列软件、为用户提供诸如文字处理和电子制表等功能的电脑。从20世纪

80 年代末期开始，个人电脑成为在世界范围内被广泛使用的标准设备。由于拥有相同的操作系统，并且多数使用相同的文字处理系统，因此在一台电脑上创建的文件可以毫无困难地在其他电脑上进行读取。微软公司拥有这些系统的知识产权，因此成为世界上有史以来最大、最富有的公司之一。尽管独立运行的个人电脑为人们所熟知，但现在它已不再是最常用、功能最复杂的机器了。全世界范围内，成百上千万的 PC 机和其他计算机通过电信网络被互相连接起来，构成了因特网(Internet)。在 20 世纪 90 年代，“互联网”在发达国家甚至全世界成为人们生活中耳熟能详的特征之一。它极大地促进了通过电子邮件和其他消息系统进行的瞬时通信，伴随 90 年代中期互联网的发展，还允许人们通过互联网访问无数充满了各种信息和观点的“网站”，并且还能进行商业交易。几乎所有这些方面都已经或即将给出版过程带来直接的影响，因为无论是广义上的因特网，还是狭义上的互联网，都为信息传播提供了基本的工具。而具有最广义含义的信息传播，正是出版业中的核心过程。

在出版业的许多不同方面，都能发现由信息和传播技术与因特网的发展带来的变化和影响。有些变化和影响是非常特殊的。例如，作者、出版商和读者之间关系的变化；有些则导致了新的出版形式，并可能促使传统形式淡出甚至退出市场。由于因特网越来越广泛地被作为商业平台，这也造成了一些根本意义上的变化，对许多行业产生影响。在本章中，我们将探讨五个关键问题，并以此为框架对各种出版业与信息和传播技术系统之间的复杂而快速发展的关系进行系统的阐述。这五个关键问题是：

- 信息和传播技术对印刷出版业的影响；
- 电子出版的发展；
- 电子出版对特种出版，如参考工具书出版的影响；
- 出版商所面临的经济和商业问题；
- 信息和传播技术对作者和读者的文化、知识和社会的意义。

信息和传播技术与印刷出版

信息和传播技术引起了整个印刷出版过程的改革，而这一系列的变化早在二十多年前就已经开始了。在前面的章节中，我们对此已经有所提及，但现在我们将更为系统地对此进行探讨。从时间上来说，最早的变化发生在印刷业。基于计算机的排版技术在20世纪60年代开始得到试验性的使用，并于70年代末期得到推广。使用范围的扩大仅仅是排版系统发展的直接结果之一。这些变化导致更为严重的结果是，人们更愿意使用平版印刷而不再使用传统的金属活字进行印刷。技术细节对我们无关紧要，关键是这一结果是非常重要的。现代平版印刷首先需要制作照相底片，然后制作印版。这样，所有可以被照相的事物都可以被印刷出来。这只是非常简略的描述，但它说明了这一基本过程。20世纪70年代以后，在印刷业发达的国家，传统的印刷技术完全被基于照相印版的平版印刷所取代。计算机可以制作非常清晰的照相输出版面。一旦确立了基本方法，其他问题就迎刃而解了。

当然，计算机技术的一个基本功能是文档被创建以后可以被修改、校对和复制。因此，从理论上来说，我们不需要重新用键盘输入任何材料。这样，问题产生了：在什么阶段才需要进行键盘输入？谁来负责完成键盘输入？因此，在相对较短的时间内，又发生了天翻地覆的变化。在20世纪80年代早期，作者们就开始使用文字处理软件，但经过数年后，他们制作的文档才能和当时的照相排版系统兼容。然而，20世纪90年代初微软公司Word软件的日益流行并成为文字处理的规范，意味着开发经济实用的系统使出版商和印刷商处理作者的文稿成为可能。正如我们所提到的那样，作者使用少数互相兼容的文字处理软件并通过软盘进行投稿，已经成为一个常规操作。虽然一些编辑仍然偏爱处理纸质稿件或者将相应的电子文件打印成纸质稿件，其他一些编辑已经开始只处理电子文件。只有发生错误时，才需要对作者自己提供的文件进行修改。

上述过程有效地消除了在排版和校对过程中产生印刷错误的主要来源。既节省了时间，也节省了金钱。确实，这可能是降低图书实际生产成本的一个重要因素，可以保持对图书价格的控制。即使使用了有效成本的技术，图书价格往往还是以高于一般零售价格上涨的比例增长。但是，并不是所有的影响都是积极的。我们已经提到过，这些变化所造成的一个影响是从很多方面改变了出版商和作者之间责任的平衡性，尤其在保证排版的准确性和一致性方面。虽然优秀的出版商仍然对图书进行非常专业的编辑，但即使是最勤勉的出版商都可能在这方面花费比以往更少的时间和精力。在一些出版社，校对工作变得非常草率，无论是作者还是编辑往往都乐于看到大多数工作已经在较早阶段完成，或已经由其他人完成了。这在带来经济利益的同时，也带来了明显的危害。

将文字处理软件生成的文档转换为传统印刷文字的过程并不复杂。现代的文字处理方案具有多种字体，可以产生适用于大多数图书的任何一种大小字体；还可以处理拉丁字母（包括标音字母等）的所有变体形式，也能生成西里尔字母、希腊字母以及阿拉伯字母。同时，也有软件可以用来处理亚洲文字，包括中文、日文、巴利语（某种印度语）和泰语。事实上，计算机极大地缓解了在历史上被印刷商称为“外来”文字的图书的出版问题，特别是中文这种具有成千上万个字符的语言。然而，文字、字体及其大小仅仅是印刷页面形式的一个方面。版面和设计也同样重要。而且，现在已经可以根据文字处理软件的输入文档复制出具有传统版式的西式印本图书。

然而事情并不总是如此。早在文字处理软件发展的早期，出版商就已经开始尝试利用它进行输出（比利用电子打字机输出还要早）。当时，输出文档更像打印文字而不是印刷文件。从 20 世纪 60 年代末到 80 年代早期，一些出版商，尤其是学术专著出版商直接使用作者提交的打字稿出版图书。这些打字稿既不重新排版，也不进行编辑，甚至没有任何版式设计。它们没有任何变化，只是打字机或菊瓣字轮式打印机输出的照相平版印刷复制品。然而，所有这些现在都不复存在了。80 年代桌面出版系统（DTP）的开发是填平文字处理软件和排字机之间鸿沟的第一步。DTP 系统基于 PC 机，拥有专门的软件供操作者生成类似传统印本图书的印刷样式和版面。这些系统目前正被出版商和图书印刷公司使用，可以有效地再现图书的传统样式。它们为设计者提供了比三四十年前的许多传统图书印刷公司更大的选择范围。

对出版商而言，充分利用电子文档潜能的关键，在于保证作者生成的文档与作品提交后使用的系统之间是互相兼容的。在实践中，从文字处理软件生成文档到计算机驱动的排字机之间的转换从来就不是很简单的。站在出版商的立场，从纯粹技术角度看，最简单的方法就是要求作者生成“照相原版”（CRC）。但是，这样很难作进一步的调整，并且除了小批量学术专著的出版商外，很少采用这项技术。照相原版是指作者文档的输出可以被照相并转换成印版。即使没有桌面出版系统，也能产生在美学上可接受的输出。另一种可能更常见的做法是，要求作者在其文档中置入用于生成字体、空白和其他版式的标签和标记。然而，标记的过程（通常由自由职业者完成）利用“标准通用标记语言”（SGML）这样的系统为出版社提供了文档的一致性和准确性。但这需要一定的专业知识和技巧，有可能超出大多数作者的技术水平。在实际操作中，在生成用于印刷的最终版本之前，作者的由文字处理软件生成的文档通常都由出版商进行编辑并加以标记。

由于在整个出版过程中处于核心地位，任何有关信息和传播技术对于出版印刷直接影响的讨论，都不可避免地以作者文字的生成和编辑为主要内容。作者有不同的工作方法，并且和编辑有不同的关系。我们已经提到过，在某些关键事情上，因此产生了一种从出版商到作者的责任转换。用商业术语来说，这种转换也可以视为从出版商到作者的一种权力转换。准确地说，由于希望作者比以前做得更多，他们对整个图书制作过程具有更完全的控制权。他们甚至可以对其作品的实体性质产生相当的影响。在本章的结尾，当我们探讨信息和传播技术如何通过提供便宜、稳定的图书生产系统，以及越过跨国出版业的一些环节，从而更直接地使作者获得更大授权时，我们将最后一次回到这一主题。

电子出版

电子出版在本书中已经多次提及,我们已经分析了现代出版业实际上是如何运作的。下面我们将更系统地对此加以探讨,并尝试评估其对整个行业的影响和重要意义。也许有些迟,然而我们首先还是必须给出定义。在两本词典中对“电子出版”有如下不同定义:

“以机器可读的形式出版图书等”;

“存储于磁带、磁盘等计算机可存取介质上信息的出版物”。

上述定义在一个重要方面有所不同。第一种定义明显地更为关注电子出版物的内容,即可能以“图书等”印刷形式出现的;第二种定义则指更广义上的“信息”。我们必须假定定义一中的“出版”和定义二中的“出版物”的使用是和这些词汇的自身定义和商业含义相关的。然而,这并不仅仅是语义上的问题。如果我们把“出版”视为一系列商业交易(交易中的商业对象同时具有知识产权和实体属性),那么定义二中所涉及的绝大部分内容并不能被视为真正的出版物。《柯林斯平装英语词典》中的定义争议性地包括了因特网,尤其是拥有大量可以免费访问的内容的万维网等条目。真正支付的访问费用包括终端用户用于软硬件的资金投入,或者是由互联网接入服务提供商而非信息提供商所提供的通信费用。正如我们将要讨论的,互联网上免费提供的信息和出版商是密切相关的,但是如果我们将电子出版的定义扩大为包括互联网信息在内,就无法理解其商业意义。因此,从当前目的来考虑的话,我们有必要将电子出版的讨论范围限制在那些既是商业对象,又是信息载体的产品上。

即便如此,我们的讨论仍将涉及较广范围的内容。有一种观点认为,电子出版应该被视为一种全新的产业,而并不仅仅是传统出版业的一个分支或发展形式。当然,单纯从技术角度来看的话,这个观点还值得商榷。如果我们对电子出版过程的输出和格式加以简单考虑的话,将有助于阐明这一观点。CD-ROM,作为一种包含有可供计算机读取的数字信息的光盘，是最常见的电子出版的实体形态。一张 CD 可以记录文本、图形、静态和动态图像或声音等任何一种数字化内容。任何一张光盘上可以只包括其中的一种内容（如只记录声音的音频 CD），也可以同时包括几种甚至所有内容（即多媒体光盘）。展现形式从近乎电视质量的视频，到类似旧式打字机打出的文本，无所不包。另外一种值得考虑的格式是可以通过因特网在线访问的材料。因特网可以传输 CD 上存储的任何内容，同时还具有 CD 所没有的交互式功能。然而，从总体上看来，在目前阶段可以通过因特网在线访问的复杂内容，如视频和音频，其质量要比 CD 上的质量低。而且除了内容本身需要收费外，访问这些内容的时候也会收费（即使不是对最终使用者收取费用）。因此，按照任何有关出版的传统定义，CD 上的大部分商业内容都可以被认为超出出版业的范畴，这一点通过上面的论述已经很清楚了。我们也已经提到过，对于万维网和因特网其他地方所提供的大量内容而言，情况也是如此。

但是，在电子出版领域，实践的发展总是领先于理论。毫无疑问，仍有许多出版商坐失了良机。当少部分出版商打算进入音乐或计算机游戏行业时，20 世纪 90 年代中期多媒体产品的生产对一些出版商形成了真正的挑战。然而在早期阶段，开发多媒体产品的先驱性工作都是由软件公司而不是出版社完成的。直到 90 年代末，一些出版社才开始迎头赶上，并且生产了一些重要著作的电子版本。CD-ROM 出版物已经成为出版业的常见部分之一，这些产品既出现在出版商的产品目录中，而且更重要的是，还出现在书店中。

在线出版——有时候被看做是最纯粹的电子出版形式——仍然较大程度地被限制在学术和商业产品范围内。电子期刊已经在学术界中占据了重要地位，而且正逐渐成为研究性出版物的一种标准形式。在商业界，数据的流通性和准确性是非常关键的；而且如果数据足够好，成本可以转移到顾客头上。因此，许多传统的金融信息服务已经提供了在线方式。至少有一家主要的商业信息印刷出版商公开宣布将在近期内全面采用电子化信息服务。

在一些领域发生的从印刷到电子出版的转变确实是非常重要的发展，我们将在稍后重新讨论这一话题。但即便如此，这并不一定总是代表出版过程中所发生的革命性变化。下面我们将讨论在此背景下出版过程中的一些关键要素。

首先,编写并选择出版内容是关键问题。从作者的角度来看,存在着一些明显的技术区别。顾名思义,作者负责准备并提交具有指定数字格式的文档,但是,正如我们所了解的,这几乎也是印刷出版物的规范。然而,有一些功能是印刷作品的作者无法获得的。例如,在处理统计数据的同时,使用电子格式的作者可以制作表格和图表等图形化的表现形式,而且知道最终的出版效果和当初编辑时是完全一致的。颜色的使用也是如此,它适用于所有现代化输出设备,但在印刷学术期刊时一般不使用。[1]从广义上说,无论是电子出版,还是印刷出版,作者的贡献都是一样的;而且,在第三章和第四章中讨论过的许多问题同样都是适用的。类似地,电子出版物内容的选择和印刷出版物在本质上也是相同的。编辑需要从主题、质量、商业生存能力和目标适用性等方面加以考虑。如前所述,一些电子期刊采用在线提交、在线评审和在线发布的方式,但是其目的和传统期刊是一样的。在出版内容准备进入公众领域之前,电子出版在很大程度上是传统出版的翻版。

在接下来的阶段确实还存在一些重要的差别。输出结果需要在表现形式和内容方面进行仔细的编辑,这一过程类似于印刷品的设计;对于CD出版物而言,虽然它不是在线出版物,也有类似于图书或期刊的印刷和装订的制作过程,其广告、销售和发布过程与具有类似内容和市场的图书相同。当然,在线出版物在上述的各个方面仍有所不同,正因为如此,它们才可以被认为是在各个方面都具有真正意义的电子出版物。

尽管电子出版和印刷出版的过程类似,并且具有连续性和变化性,但这并不能否认电子出版是一种不同的出版方式。即便从出版物的内容上看也是如此。作者具有制作图形和使用颜色的能力就说明了这样一个基本事实:电子出版产品可以有效利用计算机的全部功能。多媒体出版物是这方面很好的例子。例如,光盘版大百科全书可以支持视频和音频内容,以及图形和照片。产品的质量和深度也因此要高于在此之前的纸质印刷品。当我们为其添加类似于因特网上从一个产品指向另一产品的电

---

〔1〕 关于这一点,我要感谢我的同事德里克·史蒂芬(Derek Stephens)向我解释了他为何向电子期刊提交了一篇论文。

子链接后，很明显我们所进行的是另一种不同的出版形式。

电子出版仅仅是将信息发布到公众领域的又一种方式。从出版商的角度，真正的问题是商业性和专业性，而不是技术性；这些问题包括质量控制、设计、定价和销售等方面。和所有出版方式一样，电子出版的核心问题是内容和利润，格式仅仅是实现目标的一种手段。

如前所述，电子格式在内容的使用、陈述和设计方面赋予了作者和出版商更大的自由度，尤其是在线出版的著作，可以利用因特网和万维网上的链接。然而，电子文档还具有其他一些特点，对出版商产生重要影响。最重要的一点是数字化文档的拷贝和传输非常容易。这为版权法带来了前所未有的挑战，也产生了一个基本问题，即知识产权是否应该和过去一样被继续保护。随之，这也给大众出版的经济基础带来了问题。如果出版商不能确定其购买的是一部作品的独占权，这将影响他们准备支付的价格。这种不确定性无法在合同中写明，而在实践中也不容许通过法律对这一点加以补救，这使得情况进一步地恶化。这一问题对出版业的未来十分重要，因此，我们将在第七章中对此进行更为广泛的讨论。

然而，尽管存在着潜在的困难，越来越多的出版商正在寻找可以利用信息和传播技术的优势作为出版内容载体的方法。这种利用并不是全面的。小说的电子出版仍处于萌芽状态，尽管一些作者和出版商已经对此展开试验并取得一定的成功。出版商也开始对交互式小说进行试验，允许读者参与情节的发展，或者在故事的不同阶段选择不同的情节。儿童读物出版商，尤其是熟悉计算机网络的青年市场的出版商，他们是电子出版的先行者，并持续地在这一领域进行探索。电子媒体的使用极大地改变了儿童图书市场，而且分裂了原本为同一类型的市场。不管人们是否接受这一看似深奥的观点，毫无疑问的是，如果作者和出版商希望针对儿童和青少年读物市场开发高质量的多媒体产品的话，他们需要一种全新的出版方法。但是到目前为止，电子出版在学术、专业和参考工具书领域发挥了最大的影响，紧接其后的是教育出版市场。

电子出版的影响

转型中的参考工具书出版

参考工具书是出版业中较传统的内容之一。一些参考工具书的历史超过了一个世纪,并且成为学术研究中的主题。然而,参考工具书的编纂和大部头工具书的出版非常昂贵并且费时。即使是一般参考工具书,其市场也是非常专业化的。虽然对于像《大英百科全书》(*Encyclopedia Britannica*)这样的参考工具书总有较小的个人市场,并且一些小型参考工具书[如不同版本的《牛津英语大辞典》(*Oxford English Dictionary*)]也开始瞄准这一市场,但图书馆仍然是参考工具书最为重要的购买者。即使在图书馆里,参考工具书也被区别对待。通常,公共、大学或学院图书馆的"参考工具书"类图书是不允许外借的[1],部分原因是因为许多参考工具书价格昂贵,但主要原因还是因为它们可能会被大量读者查阅,因此必须保证其一直在架。因此,参考工具书出版尤为依赖于图书馆预算,而且极容易受图书馆供应量变化的影响。

在20世纪90年代,图书馆一个非常重要的发展是对电子信息源的依赖性有所增加。除了规模极小的图书馆外,几乎所有图书馆现在都为读者提供某种网络访问方式,其范围从对因特网的全面访问到仅限于对包括有限数据库资源的局域网访问。无论是何种网络访问形式,图书馆用户对电子资源越来越熟悉,并认为电子资源应当是图书馆服务的一部分。这自然对参考工具书出版商造成了影响。用户日益期望电子资源服务能提供更为简便的网络访问方式,符合了图书馆控制支出的需要。这样,出版商自然开始在出版传统参考工具书资料时尽可能少地使用传统

〔1〕 有必要提出,这个类别也试图包含一些出版商不作为"参考工具书"的图书,我们在这里并不继续研究它们之间的区别。

形式。一些最著名的参考工具书,如《葛洛夫音乐大辞典》(*Grove's Dictionary of Music*)和《牛津英语大辞典》(*Oxford English Dictionary*),目前已经提供了光盘或在线等电子出版形式。由此可能引起一系列问题,如出版商要为在线产品制定经济可行的定价策略等。

许多重要的参考工具书都开始同时以电子和纸质印刷两种方式出版,与此同时,诸多主要出版商开始对其在版参考工具书和其他学术著作进行格式转换,以便提供在线访问。[1] 这使得将来以纸质印刷形式出版参考工具书是否经济可行成为较为严肃的问题。几乎可以肯定的是,将来的参考工具书出版将大量采取电子出版形式。这将给出版商,也给读者带来意义深远的影响。出版商需要开发新技术,并确保跟踪最新技术的发展。同时,他们还将面临一种新型的竞争。虽然提供电子格式的输出可以极大地降低参考工具书的制作和发行成本,但编纂较好的参考工具书内容仍然是非常昂贵的。问题在于,出版商会发觉,他们的定价产品将面临因特网上免费产品的竞争。在这种竞争环境下,一些出版商开始在互联网上建设网站,并通过自己的门户网站和网关发布有关内容。这是一个重要且受欢迎的发展趋势,但这并没有解决有关成本和费用的问题。如果出版商花费了大量的金钱进行编纂,他们一般不愿意免费提供这些内容。然而,他们正处于一个免费访问已经成为普遍要求的竞争市场。他们唯一的选择就是在信息的流通和准确性以及表述质量上进行竞争,他们希望图书馆员和读者能认识到质量上的差别并愿意为此支付费用。正是在这个意义上,出版业一直以来对内容的关注(现在称为"内容管理")仍然具有重要性,并且随着潜在对手的存在而变得更加重要。

变革中的学术期刊

看起来,在十年之内,参考工具书很可能被全面电子化。更可能的是,许多学术期刊将终结参考工具书的存在,至少在科学领域。

我们已经讨论过有关学术期刊出版的许多方面,但是在开始讨论其

[1] 泰勒和弗兰西斯(Taylor & Francis)公司就是英国较为突出和得到普遍关注的一个例子。

向电子出版的转变之前,需要对其中的一些关键特征进行重新探讨:

● 它们是高度专业化的出版物。即使是那些具有广泛主题范围的学术期刊(如《英国历史评论》(*English Historical Review*)和《美国物理学刊》(*American Journal of Physics*)),其读者几乎全是该领域的学者和研究人员,偶尔会有大学生读者。其他更专业化的期刊往往只有几十而非几百的固定读者人数。

● 相当部分的读者也是这些出版物的投稿者。对于大多数专业期刊而言尤为如此。换句话说,读者群越小,这些读者越有可能是该期刊论文的原有、现有或潜在作者。

● 大多数专业化期刊由大众出版商发行,并期望赢利。另外,一些期刊由学术协会出版并向其会员发行,如《现代语言协会丛刊》(*Publications of the Modern Language Association*)以及《皇家化学学会期刊》(*Journal of the Royal Society of Chemistry*)。

● 订阅费用一般较贵,且涨价幅度远远高于一般价格浮动范围。这导致了取消订阅,反过来又引起期刊印刷量的减少以及更高价格的恶性循环。

● 除少数大众出版类期刊外,主要市场为学术和专门图书馆。这导致期刊出版极易受大学和研究机构预算的影响,而这些预算本身又极易受反复波动的公共机构基金的影响。

● 在许多学术领域,尤其是科学领域,期刊出版物对于职业晋升是非常重要的;同时,对于几乎所有专业领域而言,期刊也是重要的投稿对象。

● 内容的质量控制对于学术期刊的声誉十分关键。这是通过由编辑委员会支持的一套复杂的同行评议和评审制度来保证的。

所有这些要素通过不同的方式发挥作用,促使学术期刊走向电子出版。最核心的问题恐怕就是当期刊畅销和图书馆预算最稳定的时候期刊成本仍有所增长。学术界的困境在于,那些经评议的期刊出版物不仅仅是发布研究成果的方式,也是在业内进行人员聘用和提升的重要手段。十五年前,图书馆就因为背负着沉重的经济负担而导致其几乎无法承受所担当的压力,因此希望从期刊的大众出版体系中获得一个合适且根本的解决办法。这一点推动了许多早期有关探索电子期刊如何运作的实验。20世纪80年代出现的许多技术问题在90年代中期由于因特网和基于Web界面的发展得到了解决。而且,学术界的人们尤其是科学家们是最早接受网络技术的人群之一。实际上,因特网很大程度上是在科学界得到了发展,互联网最初的设计也是专门为科学家服务的。因此早在1990年,电子传播已经成为学术生活的一部分。

然而,期刊问题并不能单纯依靠技术解决。由于已经无力购买更多的期刊,图书馆正在尝试通过使用馆际互借和各种文档传输系统满足用户对期刊的需求。这样的服务实际上在"二战"之前就已经存在了(这是由于早在20世纪20年代起,科技期刊文献的繁盛就已经成为一个问题),但是到70年代,它们的使用才和文献本身一样得到快速发展。通常期刊论文都以影印的方式提供,通过现有版权法的保护而实行的"合理使用"原则使得这种服务成为可能。图书馆开始更多地将自身视为信息的提供者,而并不仅仅是储存图书和期刊的仓库。随着20世纪70年代以来在线信息服务的出现,这种趋势毫无疑问地有所增强。甚至当科学家们还对电子传播的可行性有所迟疑的时候,图书馆就已开始使用这些已有的系统,并开始研究来解决这一由科学家们自己同时创造和需要处理的问题。

出版商成为这个过程中被忽略的角色。一些学术协会是电子出版的早期热衷者,而大众出版商极不情愿参与其中。直到20世纪90年代末,由于因特网在学术界几乎完全普及以及日益强大的万维网,最终才促使他们认识到电子期刊是一个可行的选择。但是,很清楚的一点是,学术期刊出版中存在着的一些需要重新处理的关系。作者、编辑和读者是属于同一集体中的不同部分,这一观念必须被保持。相反地,图书馆—出版商之间的供应商—顾客的关系,以及图书馆—最终用户的关系,则需要经历较大的变化。在理论上,在线期刊可以通过因特网被任何人访问;在实际中,电子出版物仍然是一种需要付费的产品。但是,付费方式正在经历重大的变革。与订阅期刊不同,图书馆(或个人)可以只为需要的某些特定论文付费,而不再需要获得他们可能根本不会阅读的其他论文。出版商面临的问题是如何协调好单篇论文使用的收费问题和由此产生足够的收入以维持出版。而只有和学术界紧密合作才能解决这个问题。

一般来说,实际情况就是如此。在电子出版的早期阶段,一些热心支持者曾经设想今后的期刊将由学者或其所在的大学出版，传统出版商将被排除在整个流程之外。这在理论上当然可行，而且已经有期刊按照这个设想出版。但是，它们在性质上仍属于出版商，只不过是没有赢利需求的另一种机构。实际上，那些大幅度采用电子出版方式的期刊出版商，如爱思唯尔(Elsevier)和布莱克威尔(Blackwell)，与图书馆之间达成了协议，开放图书馆用户对其访问的权利。不久的将来必然是基于这样的许可机制：大学，或代表若干所大学的团体(例如同一国家的所有大学)从出版商手中购买访问权限。这往往是按照使用这些内容的对象(大学成员，某一图书馆的注册用户或一些类似的团体)和使用的收费机制进行定义的。收费的方法可以按年收费或按访问次数收费。无论是何种收费方式，订阅代理商都被重新定义为在线门户网站的提供者或内容把关人。期刊的电子出版也因此为期刊所服务的团体带来了一种文化上的变化：学者、图书馆员和出版商开始紧密合作，共同在网络环境中开发学术传播系统，达到共赢的目的。[1]

然而，只有在系统的完整性也得以保持的前提下，这种体制才能最终获得成功。对于学者来说，这取决于他们对于电子期刊的长远未来以及电子期刊内容质量控制的信心。当然，有证据表明，图书馆在试图减轻其预算压力的同时，正在克服科学界内更为保守因素的阻力，从而推动电子出版向前发展。同步出版是被广为宣传和实践的一种解决方案，即同一本书的印刷版本和电子版本同时出版。但这仅仅是一种过渡型的措施，因为从长远来看，它在经济上和学术上均无价值。创建一种可以无限制存储论文的稳定的数据档案才是真正的解决方案。看起来，学术界(以图书馆为代表)和出版商的合作才是长期解决这一问题的唯一方案。

那么，剩下来的关键问题就是质量控制了。在这方面，人们的担心最多，发生的变化也最少。出版商和编辑都强调：没有理由不对电子期刊施加和印刷期刊同样的质量控制。编辑、编委会成员和评审人的作用都必

[1] 对于这类合作如何运作，参见理查德·K·约翰逊(Richard K. Johnson)的论文"*A question of access*: *SPARC*, *Bio One and society-driven electronic publishing*"(www.dlib.org/may00/johnson/05johnson/html)。SPARC 是学术出版和学术资源联合体，集合了美国的出版商、大学等。参见莎拉·C. 米夏拉克(Sarah C. Michalak)的《SPARC 的演变》(*The evolution of SPARC*)，Ser R，26:1，2000，第 10－21 页。

须不加变动地予以保留,没有必要仅仅因为输出形式不一样就进行变动。只有技术上的变化而不需要进行概念上的变化。电子期刊可以沿用传统印刷期刊关于编辑和出版的一整套过程,同时能在包含成本但不影响质量的过程中获得更高的效率。如果操作得当,电子期刊将符合同行评议、有摘要和引文等影响学术成功的所有传统标准。问题在于如何说服用户和作者团体这是正确的。而目前的证据表明,他们还没有完全信服。除非大学承认电子期刊和印刷期刊同样重要,尤其在进行任职和提升时(以及在美国,在考虑授予终身职位时),仍然有一些学者不愿意选择电子出版物。这一问题最终将综合文化和经济等因素加以解决。当印刷期刊逐渐不可行的时候,电子出版就会被广泛接受。

当然,至少到目前为止,仍然有一些印刷期刊得以存活。最明显的是那些由协会出版的期刊将可能继续沿用其现有形式,尽管他们会通过同步出版电子版本的方式,逐渐被吸引到电子出版的道路上。那些拥有最大发行量、跨越不同学科的读者群以及出版针对学生论文的期刊,相对于更为专业性的期刊,更有可能继续采用印刷出版的形式。发行量大的期刊可以将其订阅数维持在更合理的水平,从而达到以较低价格销售的发行量。因此期刊价格的恶性循环得到了扼制!人文和社会科学在发展电子期刊方面速度要慢于自然科学、医学和基于技术的学科如计算机等。但是,目前在非自然科学的学术领域,同样出现了出版电子期刊的趋势。甚至是一些大众性的杂志也开始同步发行印刷和电子两种版本,而很多主流报纸在若干年前已经开始这样做了。这些杂志包括像《新闻周刊》(*Newsweek*)这样的主流大众类杂志,《新政治家》(*New Statesmen*)之类的政治周刊以及《科学美国人》(*Scientific American*)这种稍显专业但仍面向大众的杂志。[1] 类似的报纸则包括《纽约时报》(*The New York Times*)、《泰晤士报》(*The Times*)和《世界报》(*Le Monde*)等大部分世界上的主流报纸。[2]

电子期刊是学术界数字传播系统发展过程中的主要部分,但除此之外,还有其他部分对出版商的活动产生冲击。其中一个尽管很少被注意,

---

〔1〕 可分别参见 www. newsweek. com,www. newstatesman. co. uk 和 www. sciam. com。

〔2〕 参见 www. nytimes. com,www. the-times. co. uk 和 www. lemonde. fr。

但却日益重要，对印刷期刊和电子期刊都产生了直接的影响。科学家们常使用的一种传播方法，被称为预印本，是在论文正式发表于期刊之前，将该论文的单行本散发给作者的同行。这在商业上对印刷期刊的出版商并不重要。实际上，一些预印本是作者从论文中所能得到的唯一物质回报。电子预印本于20世纪90年代早期开始发展，应用于那些随后将发表于印刷期刊上的论文。限制发行的电子预印本克服了印刷出版不可避免的时间延迟问题。事实上，10～20人收到预印本并不会影响期刊的商业流通。因为一般是由大学或研究机构的图书馆而非个人支付订阅费用。但是，预印本对电子期刊出版的经济状况具有潜在的重要影响。假如较乐观地估计，一篇论文在世界范围内拥有100个读者，其中一半读者可以获得预印本，那么如果该期刊是收费的话，收入将大为降低。一些人认为这仅仅是同步出版的另一方面，但更准确地说，这应该被视为需要自我保护的期刊出版行业所面临的另一压力。整个问题到目前为止还远没有得到解决，不得不通过位于洛斯阿拉莫斯的美国科技研究中心所建立的巨大的重印本和预印本电子档案馆来进行深入的研究。

电子教育出版

教育出版是出版业中一个非常厚利和重要的分支，且一直被少数公司所控制。类似于学术期刊出版，它也面临着市场内部的诸多压力。教育出版商总是对小部分图书投入大量资金，并希望能反复出版很多年。但是，从学前教育到高等教育等各个层次上发生的课程变化，都将对这些出版商产生重要的影响。20世纪90年代，在计算机网络的影响下，无论是课程内容还是授课方式都开始发生变化。信息和传播技术同时成为各级教育中的科目和工具。一旦掌握了基本技能（在发达国家这些技能在年纪较小时就要求掌握），就可以利用它们作为其他科目的学习工具。此外，因特网还提供了大量具有教育价值，或可以用于学习目的的资料。然而，信息和传播技术的使用并不是在90年代授课方式所发生的唯一变化。它更多地强调学习，而非教学；强调通过项目课题方式进行学习，而不再通过传统的从老师到学生的知识传授渠道。而网络信息的存在仅仅是其中的一部分。以学生为中心的基于项目的学习方式需要包括印刷材料在内的各种各样的信息资源，传统课本最多在其中起小部分的作用。

教育出版是其所服务的教育系统中不可分割的一部分。有一种意见中肯地认为，它甚至有助于确定有关教育问题的争论日程，以及确定争论的结果所可能引起的后果。但是，出版商目前所面临的问题是如何回应并参与系统的变化，这种变化的影响范围比一般的课程变化要大得多。这其中还混合了年轻人对于图书和阅读的态度问题。尽管儿童和青年人的图书市场十分重要，但有迹象表明图书阅读，尤其是青少年的图书阅读量正在下滑。一般认为由此导致了青年图书市场的萧条。对有关娱乐和信息的多媒体和在线资源的偏爱在一定程度上恶化了这种现象。这使得教育出版商不得不考虑这些发展趋势。

教育出版商所面临的挑战在很多方面都类似于科学、技术和医学(STM)类、学术类和专业类图书的出版商。这种挑战的起因是他们的传统市场更趋向于信息和传播技术产品而不是印刷产品。但是，这种情况在教育市场更为严重，在中学、学院和大学里，师生对因特网的访问相对更加简单，并且越来越多的学生热衷于此。各个层次的教师都能编写公共领域内容的数字化软件，并且用于支持学生的学习，这一般包括用于监督学生学习进展，甚至是正式评估学生工作的方法。出版商进入这个领域的动作较为迟缓，20 世纪 90 年代中期“网络图书馆”的发展可能是首个显示其态度转变的重要标志。作为先驱的电子图书出版商开发了一个类似于电子期刊出版商所使用的访问和收费系统，并于 1996 年将其推向图书馆市场。在世纪之交，得到重大发展的“网络图书馆”与世界上历史悠久的著名教育出版商霍夫顿 · 米夫林(Houghton Mifflin)合作，共同推出了一系列数字化课本。虽然其结果仍有待考察，但我们有理由期待教育出版在未来十年内成为另一个由信息和传播技术发挥革命性影响的领域。

信息和传播技术与出版业

在20世纪的最后四分之一时间内,几乎每一个商业领域都受到信息和传播技术发展的影响。即使是20世纪中期最常见的办公设备,如打字机和复印机等都被大量淘汰。即时全球通信系统从一个全新的角度开拓了众多新市场,并带来了许多新的挑战。由于电子商务的应用,小型商业机构得以克服一些自身障碍,并与大型商业机构进行竞争,而在传统环境下无法生存的特殊企业也能通过因特网扩大其生意范围。出版业一方面极易受信息和传播技术的影响,但另一方面又特别能发挥信息和传播技术对其的正面影响力。作为信息产业的一部分,出版业可以利用信息和传播技术,尤其是因特网所提供的所有与信息收集、组织和传播有关的专业功能。图书和期刊的电子出版,以及面向娱乐和教育的新型多媒体软件都是这方面的例子。出版商还可以从信息和传播技术所提供的商业功能中获益,从而拥有更多的机会,如市场研究、销售、库存控制等等。

信息和传播技术的发展带来的一个重要结果是信息产业本身成为一系列活动更为完整的集合体。计算机网络被广泛用于信息传输和商业交易,同时也加速了标准化系统的发展,并促使其被广泛接受。被广泛采用的标准书号(SBN)系统就是一个类似的重要例子。今天,ISBN和ISSN作为订购和库存监控系统的基础而被全世界的出版商、书商和图书馆员广泛使用。它作为一个唯一的标识符,处理并交流大量包含文字和数字的数据,是信息和传播技术的最好表现。另一方面,电子期刊出版向我们展示了出版商、作者和图书馆员之间是如何一起工作从而达到共赢的。科技传播和信息系统这个重要的部分正处于变化之中,而出版商在这一过程中起了完全且重要的作用。一个长远的结果需要达成这样一种共识:各方之间的共同利益可以导致更好的相互理解和更紧密的合作关系。而各种数字出版的倡议(如EPIC)使得这个期望逐渐成为现实。

但是,信息和传播技术对于出版业的改变并不只限于期刊出版、科学、技术和医学(STM)、学术和其他专业领域。大众出版商发现,在可用于休闲目的的时间和资源等方面,他们正遭遇一个强有力的竞争对手。这种情况在以前也发生过,他们依次面临了电影、广播和电视等带来的挑战,并且最终促进了本行业的发展。信息和传播技术会不会有所不同呢?如果我们认为它是人类传播的一次革命性变化,那么答案为"是"。然而这种变化并不是负面的。一些有创意的出版商除了生产传统的印刷产品之外,已经开始生产多媒体软件、电子图书和电子期刊。在出版集团内部,无论是在商业运作中,还是在汇集各种所需的专门技术以维持活动的过程中,实际上都存在规模经济的机会。而且,有迹象表明出版商已经开始开发重版图书等的电子版本。

对于小型的独立出版商而言,信息和传播技术提出了不同的挑战。从某种意义上说,这使得他们更容易与大型的集团企业进行竞争。在互联网上,很容易建立和维护一个基本的网站且花费较小。虽然网站并不能取代传统的市场开发工具和手段,它们却能为规模较小的公司提供比过去的现实市场更广的市场开发机会。在独立出版社中,通过更好、更方便地提供关于库存和账户信息,信息和传播技术可以帮助提高企业运营的效率。独立出版社是用于图书生产的桌面出版系统的主要受益者,它相对便宜简单,且方便作者提交机读形式的作品稿件。

作者和读者

信息和传播技术对于出版业中的主要生产者和最终消费者,即作者和读者,又将产生怎样的影响呢?我们在前面已经简单提到了一些,但由于这个问题十分重要,下面对其进行系统的讨论。

经历过使用机械式打字机的时代,如今撰写一篇复杂的长文章变得无比容易。这不仅仅是节约时间的问题。由于文字处理设备可以帮助处理文字显示的细节,作者可以集中精力于文章内容。计算机会记住段落的格式,甚至还能帮助改正拼写和语法错误!从更深层的意义上来说,提交电子文档使得作者有了更多的自主权。如前所述,从出版商(尤其是从编辑)到作者之间的责权已经出现了转换。这带来了一些不足,如图书的编辑工作可能不再那么仔细,但是其优点更为重要。这可能也进一步增强了经纪人的影响力,因为他们和作者一起分享了信息和传播技术所带来的更多的责任和机会。

信息和传播技术同时还为作者提供了传播其作品的全新机会。个人网站的数量可能并不比电子出版网站多(虽然它们可能更廉价而且传播范围更广),但是一些作者已经开始尝试利用因特网作为不需出版商介入的出版媒介。斯蒂芬·金(Stephen King)可能是这方面最著名的例子,虽然他的试验并不算完全成功,但是他至少显示了这一方案在技术上的可行性,当然,还有商业上的困难性。

信息和传播技术对于读者同样也有深远的影响。如前所述,在科学研究文献中,作者和读者在电子出版过程中是不可分割的部分,而且,一旦他们认为这具有长远发展的可能性,那么他们也会成为受益者。但是,更广泛地说,读者和他们的期望正在改变。尤其对于年轻读者来说,他们可能既不熟悉印刷纸张,也不将其作为信息和娱乐媒介。我们没必要对此感到遗憾,而且也不需要夸大这一点。未来人们将在一个多媒体的网络环境中成长、学习、工作和消遣。现在已经产生了对信息的及时和准确程度的期望。正是这种期望,以及信息和传播技术实现这种期望的能力,为参考工具书和教育出版带来了极大的变化。

在第七章中,我们将进一步讨论这一主题。我们将详细探讨出版业是如何发展起来的,以及出版业在21世纪网络世界乃至未来的发展方向。

7 网络环境中的出版

引言

出版是传播的一个行业、过程和系统。在前面的章节中,我们对其中的所有方面进行了讨论,分析了其产业规模、结构和运作方法以及如何将内容从作者传递到读者等方面。这三者互相影响、互相依赖。然而,出版业的参与者对于它们的相对重要性的看法有很大的区别。全球性媒体巨头的公司战略制定者认为出版仅仅是整个行业的一部分,需要为公司的营业额和利润作出贡献。他们期望出版部门达到经济目标并自给自足。编辑则认为出版是一系列过程的复杂集合,并通过领导一个团队进行管理,该团队中每个成员都具有各自的专门技能。整个任务的完成需要实现利润,但只有通过适当的方式出版合适的图书后才能实现。对于作者和读者而言,出版是他们用于相互沟通和交流的手段。如果没有出版过程和支撑出版过程进行的商业活动,大部分作者的著作都无法顺利地到达读者手中。

然而,一般是从较为主观的角度讨论出版的商业活动、流程和系统。另一种更宽泛的方法是将出版置于一组相互交叉的活动之中加以讨论,从更广的背景理解出版本身(图7.1)。

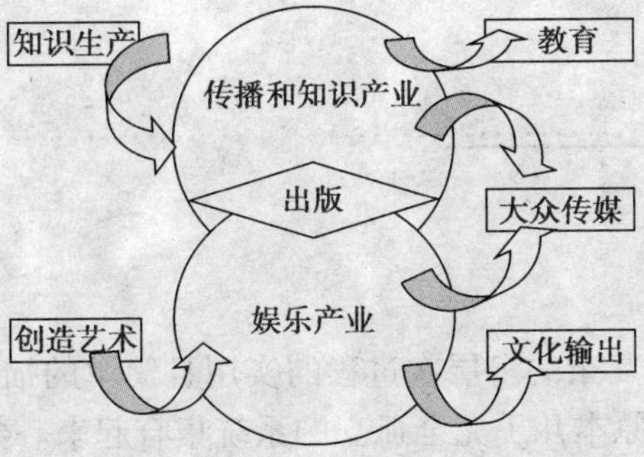

图 7.1　出版涉及的领域

图 7.1 所描绘的出版当然是经过简化的，但它确定了一些关键关系。出版可以被视为传播和知识产业以及娱乐产业的一部分。它与大众传媒密切相关，并同时从知识生产和创造艺术中获得内容。从业者和观察家们可能侧重于这些联系中的不同部分。文学小说家是娱乐产业和文化输出的创造性贡献者。科学、技术和医学（STM）类图书出版商利用知识生产的成果并为教育过程服务。大众传媒与出版的关系则略有不同。可以肯定的是，大众传媒位于知识和娱乐产业的交叉位置，而出版仅仅是一个更大整体中的一个方面。但是，出于我们当前的目的，将出版置于图的中心位置更有利于进行讨论。

图 7.1 中表达的各种关系多年来确实一直存在。实际上，用一种术语来说，自从印刷技术发明以来，特别是 19 世纪中叶以来，这些关系就已经存在。这些活动在当代的表现形式已经和以前有显著不同，但是这并不与上述观点有所矛盾。要对出版的现状及其可能的发展方向有一个全面的理解，取决于如何理解一组复杂的相互关联的问题，图 7.1 中只列出了其中的一部分。从实际角度看，这些关键问题包括：

- 媒体的融合和传播系统的融合；
- 信息源和信息使用的模式变化；
- 这些变化对出版业和知识产权的生产和保护的影响。

下面，我们将对这些问题逐一加以讨论。

大 融 合

“融合”是对复杂的多层次过程的实用且简单的描述:这一过程将信息和传播技术和原本几乎完全孤立的系统集合起来。数字技术是这一过程的核心:它们提出了对这一过程的需求,但同时也是这一过程得以完成的原因。我们要考虑的系统和技术包括电信、广播、录音录像以及出版。为了理解这一融合过程及其意义,首先必须简要讨论哪些活动得到了融合,它们之前的区别以及这些区别在哪些方面得到了消除。

第一组问题来自于传播过程本身的特性。在运用香农—韦弗模型时,需要区分不同类型的接收者。在一些过程中,信息从一个信息源发送到单一的接收者,而另一些过程可能有多个接收者。前者的原型是个人对个人的电话,即打电话者(信息源)希望和某个特定的人(接收者)进行通话。只有在发起下一个动作之后,任何进一步的传播才能发生。这些传播可能是第二个或随后的其他电话,或是对通话内容进行笔录并进行传播或复制,又或是在通话时进行录音,然后分发录音磁带或录音文字,等等。所有这些行为都是连续且单独的,它们产生于一对一的传播但并不属于该传播本身。传播本身是独立式的,其他系统则具有多个接收者。最常见的一对多传播就是广播。电台或电视都只有播放机构这一个信息源,但却有很多接收者。公共性是广播的本质特征,而私密性是电话的本质特征。

支持电话和广播的技术是各自独立发展起来的,它们的原始形式是截然不同的。电话是基于有线网络的,每个设备都被连接到电话局这个中心点。电话局之间是互联的,这样就提供了从网络中任一点到其他任一点的潜在途径。另一方面,广播使用的则是无线技术。发射器将信号发送到空中,任何打开适用设备的人都能接收到该信号。实际上,多年前有线和无线传输之间的鸿沟就开始被打破。早在 20 世纪 20 年代,电缆就被用于传送广播声音,部分克服了无线传输网络的不足;从 40 年代末开始，有线电视由于同样的原因在美国得到发展。然而电缆的用途仅限于一个目的：节点收到广播信号后通过电缆网络重新分配给订户。同样，从20年代开始，电话也开始部分采用无线技术。但由于通信质量很差，无线技术仅限于少数用途（如船对岸无线通信）。直到70年代和80年代卫星技术得到发展以后，语音电话才开始常规性地使用包含无线线路的传输系统。因此，在通信系统之间存在一些交叉，但并不存在融合。然而，通过这些早期的交叉范例，我们引入融合公式中的第二个因素：实体和虚拟网络的区别，或是有线通信和无线通信的区别。

系统之间的第三个区别在于发送和接收的时间关系。交互式的电话总是同步的：呼叫方和接收方必须同时连接到网络上。而异步的电话不可能是交互性的。如果电话由自动应答机接听，接收者虽然能听到呼叫方所说的内容，但他必须重新回拨电话才能做出回应。同样原理也可以适用于广播。接收者只有广播时才能接收到传输信号。但是，广播中可以引入异步的元素。从表面看，实时传送的节目是同步的。但在实践中，很多节目都是提前录制好，播放机构可以在任何时候将这些节目传送出去。但只有播放者才对传播中的这一过程具有完全的控制权。

融合在根本上是将这些独立的技术集中到一起的一个进化过程，是使用晶体管和集成电路的电子计算机使这种融合成为可能。在这里，我们不需要讨论技术细节。它所产生的实际影响是：所有输入计算机的数字信息可以直接在计算机上进行管理而不需要考虑其输入和输出的物理格式或视觉外观。换句话说，计算机将文本、符号、图形、照片、视频和声音简单地视为数字代码序列。假如两台计算机上安装了同样的软件——或是使两个不同系统能互相兼容的软件——那么其中一台机器上的数据可以被另一台机器读取。20世纪60年代末，数字信息可以在通过有线网络相连的计算机之间进行传输。正是这一传输的实现，加上可使文件和系统互相兼容的通信协议的开发，构成了早期因特网发展的核心部分。

导致因特网大范围普及的关键因素是电话技术。虽然许多长途电话，尤其是国际长途电话在一些情况下是通过卫星进行接驳的，但语音电话业务基本上仍然是以电缆为基础的。然而，现代的电信网络所能实现的功能远不止语音电话一种。由于它传送的是数字信号，因此传送对象可以包括所有数字化的内容，这意味着它可以实现计算机之间以及人与人之间的传播。正是因为电话网络具有传输数字信息的能力，才使得因特网在起初还没有安装新的独立电缆网络的情况下也能发展起来。虽然在商业上得到了迅猛快速的发展，但直到20世纪80年代因特网才成为一项公共服务设施。与此同时，卫星电视也开始在全世界范围内出现。输入与输出形式的区别只在于传输和接收的设备，而信号本身只是简单的数字化数据比特。在世纪之交，整个融合的过程几乎已全部完成。电话线和网络被用来发送电子邮件信息；在传输电视节目的电缆上，还同时进行语音通信和因特网接入，有些电视节目还是可交互的。颇具讽刺意味的是，当无线技术行将被淘汰之时，20世纪90年代这一技术却重新焕发了生命力，而且是在之前从未成功过的领域——语音电话服务被大量使用。移动电话和计算机网络作为信息和传播新技术无所不在的标记，证实了这一大融合的成果。

现在我们必须提出传播系统之间两个更重要的区别。首先，必须考虑传播本身是唯一性的，还是可重复的。例如，电话呼叫是唯一性的，预先录好的电视节目的播放则是可重复的。其次，我们还必须考虑发送源和接收端能力的平衡点。在传统的播放中，控制权完全在发送源一方；播放机构决定应该传送的内容、时间以及对象。交互式数字通道能够使接收方拥有稍多一点的控制权，可以允许浏览者选择拍摄的角度，或者查看传送的有关事件信息的页面。[1] 但是，只有当终端用户可以决定传播被使用的时间，而不是被接收的时间时，接收方的实际控制权才存在。一个明显的例子是当接收者录制了一个播放节目的视频，并可选择在随后的任意时间观看这个视频。电子邮件也包含了类似的时间转换的功能：发送方和接收方不需要同时在线。[2]

我们现在试着利用这些区别来对传播系统进行分类，并判断传统的印刷出版是否适合以及如何适合这些模式。印刷产品的来源单一，但接收者却是成倍的。由于它们都是有形产品，而并非虚拟的，因此其发行系统也是实际存在的。生产、发行和使用是异步式的。从以上简要的分析

---

〔1〕 一般来说，这是一个团体游戏。在英国，BSkyB上的天空体育交互频道（Sky Sports Interactive channel）就是一个最佳的例子。

〔2〕 当然，电子邮件相对于有声电话的优势，对于那些在不同时区的人们之间的沟通更为突出。

看来，出版也同样适用于我们上面提出的传播模型。但是，是不是也可将其看做大融合的一部分呢？为了回答这个问题，我们需要就融合对最终用户的影响进行更为深入的探讨。

接收者对于印刷文档的使用几乎拥有完全的控制权，虽然这一权利并不能超越文档本身。例如，用户不能要求额外的插图，但其可以在任何时候、任何地点以及以任何合适或需要的顺序阅读该文档，也可以选择在任意时间保留或返还这一文档等。当接收者获得一本书、一份报纸或一本杂志时，他就拥有了几乎完全的控制权；当然，作为来源的作者或出版商就完全失去了对这一物理实体的控制。因此，从理论层面上可以认为，出版同样适用于描述其他传播系统的模型(表 7.1)。

表 7.1　传播系统比较

<table>
<tr><th>传播形式</th><th>电话</th><th>电视或广播</th><th>电子邮件</th><th>印刷品</th><th>互联网</th></tr>
<tr><td>一对一</td><td>*</td><td></td><td rowspan="2">*</td><td></td><td></td></tr>
<tr><td>一对多</td><td></td><td>*</td><td>*</td><td>*</td></tr>
<tr><td>同步</td><td>*</td><td>*</td><td rowspan="2">*</td><td></td><td></td></tr>
<tr><td>异步</td><td>*</td><td></td><td>*</td><td>*</td></tr>
<tr><td>实体链接</td><td rowspan="2">*</td><td rowspan="2">*</td><td rowspan="2">*</td><td>*</td><td rowspan="2">*</td></tr>
<tr><td>虚拟链接</td><td></td></tr>
<tr><td>独特性</td><td>*</td><td rowspan="2">*</td><td rowspan="2">*</td><td></td><td></td></tr>
<tr><td>可重复性</td><td></td><td>*</td><td>*</td></tr>
<tr><td>发送端驱动</td><td>*</td><td rowspan="2">*</td><td rowspan="2">*</td><td rowspan="2">*</td><td rowspan="2">*</td></tr>
<tr><td>接收端驱动</td><td></td></tr>
</table>

科技和媒体的融合对出版业提出了极大的挑战。从表 7.1 可以看出，除了对介于发送源与接收者之间的实体链接的需要之外，这一模型对于出版业的印刷产品并无独特之处。这一链接实际上也提出了对发行系统的需要，而这样的发行系统被认为是英美出版行业最薄弱的环节之一。然而，另一方面，表 7.1 中关于出版的内容和关于广播及万维网(表中以因特网为例)的内容是互相交叉的。当然，表 7.1 只是对状况的一种机

械表示,并没有传达有关产品的质量、可用性、成本和稳定性,或是目标适用性等方面的内容,但它确实有力地表明,出版商必须认真考虑如何使他们的产品,即长期以来享有特权的西方文化产品,适应这个完全不同的传播环境,并得以存活。

信息媒体的使用

融合给予信息创作者和最终用户全新的权利,他们可以选择最方便、最适合自己需要的传播形式。这些选择不一定是互相排斥的。一个简单的例子就是在报纸、广播和电视之中进行时事信息源的选择。很多人经常同时使用这三种形式,并在其中选择最方便的形式。在当今这个工业化社会中最常见的是早晨出门之前瞥一眼报纸,开车上班的路上听广播,晚上回家看电视新闻,可能同时还要花很长时间来阅读报纸。这样的选择是根据实际情况和个人爱好作出的。媒体也调整自己以适合用户的需要。街头小报一般避免刊登重要新闻的细节而侧重于其他内容;大报一般则用多个版面作大篇幅的分析,以避免不如广播及时的劣势。广播新闻往往多次重复,以适应其听众在短时间内进进出出的情况。电视新闻具有大量视觉图像,并且图像切换的进度可以吸引用户半小时左右的注意力。从20世纪50年代中期大量电视在欧洲出现直到80年代中期对播放的放开这三十年中,三种媒体互相竞争的共存模式逐步形成。报纸出版商得到的经验是他们必须适应环境以保持生存,做不到这一点就要被淘汰。

三种新闻媒体之间的关系提供了一个特例,说明了一种普遍现象:印刷产品的出版商和作者需要针对其他出版物和传播形式作出反应。这种反应可能具有几个特点。有些评论家认为出版,尤其是精装书已经退至小众市场。小众市场对于出版商确实非常重要,而特定主题的出版物利润十分丰厚。这种看法的本质在于,出版商必须明确他们最擅长的领域,并且在这些领域中印刷本图书肯定优于其他潜在竞争者。问题在于这一唯一有利于印刷的领域正在慢慢消失。另一种不同的反应则是，接受印刷本图书正在逐渐失去市场份额的事实，出版商尝试用其他更具吸引力的媒体来取代印刷本图书。持这种观点的人看到了传统出版物的电子传输形式的未来，要么是以 CD-ROM 或其他更好的技术形式出现，或是通过因特网访问。这是市场的需要，出版商为了继续生存必须提供这样的产品。一些出版商将其看成是促进出版过程中技术创新的手段，对此持积极的态度。

只有考虑到最终用户的需求，出版业才能针对技术的发展作出恰当的反应。对出版业而言，定义用户的需求是一个复杂的问题。出版业的印刷品用户并不是一个性质单一的群体。当然，有些群体是可以确定的，这一点在确定特定市场的时候可以实现。例如，科学、技术和医学(STM)类图书和学校的教科书就是为特定市场设计的。此类图书在这些特定市场之外的销售量非常小而且在商业价值上无足轻重；如果没有核心市场，这些图书将无法存活。一般大众图书，无论是小说类或非小说类，面临的则是另一种问题。从定义来看，它们具有广泛的吸引力，在进行宣传和销售时可以利用这一点；但另一方面，它们面临着彼此间以及和其他媒体的激烈竞争。这种模式非常复杂。

对人们闲暇阅读习惯的调查表明，在很长一段时间内，该领域存在相对较少的变化。对英国阅读习惯的经典描述形成于 20 世纪 60 年代末 70 年代初。这一描述表明，图书阅读是(或者说只是)全国国民的一项主要活动，女性读者多于男性读者，年轻读者多于年老读者，并且在一般闲暇阅读与更高层次的教育水平、更高的收入和更高的社会地位之间存在着明显的关联。70 年代末得出的这一观察结果直到今天仍然适用；区别在于现在人们的图书闲暇阅读是增加了而不是减少了。1997 年，有 58% 的男性和 71% 的女性认为阅读是他们的休闲活动之一(表 7.2)。与此相对照，1999 年的调查表明 99% 的成年人在家中观看电视，只有 54% 去电影院看电影。

表 7.2 英国的图书阅读(按人口的百分比)

	1977	1987	1997
男性	52%	54%	58%
女性	57%	61%	71%

表 7.2 中的数据显示了被调查者认为图书阅读是他们在家中的休闲活动之一的比例。很遗憾,我们并不清楚此次调查中的许多方面在实践中的意义。这项调查中遗漏的一个关键问题是年龄问题,虽然整个人口趋于老龄化,并且人们声称的年轻人阅读量减少的问题和这项调查中的发现并不矛盾。调查中也没有提到人们阅读的图书类型,以及他们阅读的频率。但是,即使是这样相对粗糙的数据也清楚地表明图书阅读完全不像某些评论家(尤其是著名出版社的评论家)所暗示的那样是一项行将消亡的活动。从出版业的观点来看,关于阅读习惯的分析中一个令人振奋的方面是:大部分图书是由其读者购买得到的。按照 1995 年的最新数据,在英国只有 19% 的男性和 34% 的女性每月一次或多次从公共图书馆借阅图书。然而,出版业并不能满足于此;英国的图书销售数量从 1998 年的 3.5 亿降到了 1999 年的 3.3 亿,其中半数是成人为儿童购买,或由儿童自己购买。我们也许对数据本身并不感兴趣,但它们使我们确信图书阅读在英国仍然是一项主要的休闲活动,英国国内的图书市场仍然是充实的。即使对于其他信息和娱乐媒体的国内访问量有较大增长(表 7.3),也并没有给图书阅读带来明显的不利影响。

表 7.3 媒体拥有量(按英国家庭的百分比)

	1991—1992	1998—1999
电视	98%	98%
录像机	68%	85%
CD 播放机	27%	58%
计算机	21%	34%

但是,闲暇阅读仅仅是使用印刷出版物的一个方面。我们已经发现,英美出版商所出版的图书中占据较大比例的并非是面向大众的休闲娱乐

类图书。它们主要包括科技类、专业类和教育类图书以及参考工具书,它们中的大部分是由公司、图书馆和其他机构而不是由个人购买。即使有个人购买的情况,那也是因为他们别无选择,而不是正常情况下消费者所作出的选择。实际上,这些图书(当然也包括期刊)的最终用户可能对购买某些图书产生些许影响,但最终他们不得不服从于全体的决定,这些决定不但包括购买和不购买什么书,还包括其购买的版本。在学术界以及法律和医学等专业领域内,早在十年前或更早就已经实现了从印刷产品到电子产品的转变,并且随着因特网上可访问材料的增多,这种转变的趋势也开始加速。在教育界,从幼儿园到大学的各个层次中,电子资源都已经非常普遍并且正在逐步取代传统的教科书。

一些出版商已经对这些发展作出了反应,以便满足顾客对于新版本和新媒体的需要。他们中的一些甚至一直引领着这样的发展。毫无疑问,电子出版的先行者包括了与法律和医学[如巴特沃斯(Butterworths)]、科学类期刊[如爱斯唯尔(Elsevier)]和学校教科书[如培生集团的朗文(Longman)]等相关的公司。所有这些公司所在领域的传统市场都面临着由顾客期望值的变化引起的巨大挑战。由于具有不同技术之间的交叉,科技的融合对专业、学术和教育出版具有深远的影响。对于所有用户,无论是学者、教师还是专业人员,媒体和版本的重要性都取决于与目标的适合程度。适合度由许多准则决定,包括便利性、成本、质量和使用寿命。对于某些产品而言,这意味着纸质印刷仍是最合适的格式;而对其他产品而言,这意味着需要开发利用一整套的技术和媒介。

毫无疑问,在许多出版的关键领域,印刷图书和期刊的寿命已经快要走到尽头。对于报纸和广播媒体,这实际是一个采用最合适的系统,以及使现有系统适合新角色的过程。法律是这方面一个重要的例子。例如,英国、美国和许多联邦制国家的习惯法系统,律师不但需要了解所有以往的案例,还要了解法律条文。由于法律的变化和发展非常快,因此,以电子方式访问最新的案例报告成为律师工作中不可分割的部分。但是,他们仍然需要使用有关法律条文、摘要、解释和翻译的图书。律师界是很早采用电子技术的行业,大约十年前,他们就形成了综合利用电子和印刷产品的工作策略以支持其工作。而法律出版商也密切关注他们的这种变化。

在其他行业也出现了类似的情形。科学研究人员十分依赖因特网进行个人交流，这不仅仅是因为在许多大学和研究机构中可以免费访问因特网。因而，到20世纪90年代末，电子期刊开始取代传统的印刷期刊。与传统期刊相比，电子期刊的声誉问题逐渐引起科学界的重视。同时还存在存档（以便在可预见的将来仍能访问这些文章）、流通和分发的问题。印刷型期刊现在仍然继续存在，但其中一些较为专业性的期刊在未来将只有极为有限的生命期。但是，我们并不能不负责任地假设所有学术期刊在未来都会走上全面电子化的道路。事实上，技术革新的好处之一就是不再会只存在一个可用的传播系统。用户开始掌握主动权，并可以决定最适合其特定目的的系统。

在出版业，从生产者到消费者的权利平衡的转变是不能忽视的一个趋势。实际上，和类似的从出版商到作者的转移相比较，我们可能发现传播链中所有参与者之间的关系开始发生一个显著而长期的变化。在工业社会，消费者作为生产产品和服务行业的监管者这一观点正得到越来越多的承认。对于出版业也是如此。最大胆的出版商实际上完全支持这一点，而并不是试图反对这一点以保护自己。随着电子技术越来越为人们所熟知以及其技术稳定性不断增长，尤其是计算机网络的发展，作为知识"看门人"的出版商正面临着一个全新的机会。就最终用户，或者说消费者、接收者，或是其他任何我们所使用过的相关术语（甚至是读者和图书购买者）而言，出版商仅仅是信息传播过程中的参与者之一，或是休闲和娱乐活动的提供者之一。因此，常见的"看门人"比喻已逐渐失去其吸引力；出版业中的卓越成就者现在正在消除这些门槛，以便鼓励更多的人进入出版业。

作为利润丰厚的全球性行业，出版业的长期生存能力取决于其提供市场所需产品的能力。有迹象表明出版商有能力做到这一点，并且甚至能满足市场上产生的各种各样的需求——从当代诗歌到金融信息。但是，这些成就的取得是以牺牲行业本身的旧有格局为代价的，这其中包括巨大的资本财富——知识产权，以及传统的产业结构。

版权:受到威胁的资产

现代出版业的起源可以追溯到印刷技术的发明,它是首个大批量复制同一个复杂且冗长文档的技术。在这项技术发明后的一个世纪内,这项新手艺的从业者们开始寻找支配复制能力的方法,这也是发展中的出版业的核心。出于各种原因,建立用于控制印刷产品的机制也是现代欧洲早期政治当局和教会当局所关心的问题。审查制度的发展和版权概念的逐步演变在出版史上多次交叉,甚至到今天仍然不是完全分离的。对于出版商而言,采用法律方式控制处于产业核心地位的复制技术非常重要。从19世纪末开始,通过赋予出版商在全球范围内控制其图书内容的复制、发行和使用的权利,国际法有效地保护了出版商对于图书的投资。

从20世纪下半叶开始,版权法的执行开始逐渐变得困难。从50年代中期开始,影印技术开始成为学术期刊领域潜在的不稳定因素,最终只能通过版权法和与合理使用关联的规则的让步来加以控制。即便如此,问题也没有真正得到解决,因为通过法律加以控制几乎不可能。60年代之后,平版印刷的普及使得问题更加复杂化。影印整本图书耗时耗力,而且质量较低。但通过出版的图书原件制作印版,再进行平版印刷的图书,其效果可以乱真,而且设备随处可见,价格低廉且容易操作。一般来说,至少在工业社会,以盈利为目的的非法复制已经有所控制。但是,非法重印在其他一些国家的盛行,虽然有时会以适应教育、社会和经济的需要为借口而加以辩护,足以证明重印的相对简单以及对廉价图书的迫切需求。出版商再一次被迫做出让步。这一点体现在《伯尔尼公约》的巴黎修正案之中,它有效地承认了出于“高尚”的目的而进行重印的合法性。但是,十年之后英美出版商(他们是主要的受害者)成功说服所有生产者所在国的政府取缔以盈利为唯一目的、其产品没有包含在修正后的国际公约中的盗版行为。

抵制盗版的胜利是以一系列的妥协为代价获得的。这些妥协放宽了对复制的严格限制,而复制是版权概念的基础。如果没有更为严重的威胁出现,即使是这样有限的胜利也几乎无法达到。这个威胁就是电磁复制,以及之后的电子复制。首先出现的商业形式是20世纪50年代中期开始出现在市场上的录音磁带,随后在70年代发展成为今天较为常见的盒式磁带。录像带发明于50年代早期,在80年代早期打破了电视产业的限制,随后录像机成为常见的家用电器。廉价而无法阻挡的家庭音响对广电界、音乐产业和电影产业形成了威胁。电影和音乐的商业盗版变得非常普通,而且在80年代末磁带和录像带已经在全世界范围内随处可见。这和出版业并不直接相关,但却形成了一种普遍嘲讽版权法的风气,在这种风气下,法律的有效执行更加不可能。实际上,许多人在购买和使用盗版带的时候,可能甚至没有意识到他们已经触犯了法律。科技的日新月异使得法律难以跟上,同时也使得与此相关的公共道德难以形成和广为大众所接受。

计算机的出现成为另一个重要因素。从一开始,未经授权的软件复制就成为计算机产业的噩梦。20世纪末这项技术变得随处可见,随之而来的问题也成比例地增长。因特网的发展使得情况更糟。所有这些在以下几个方面成为出版商关心的问题。首先,主宰世界出版业的跨国集团对电影和电视的制作与发行、录制的音乐、计算机软件和游戏等应用程序,以及图书、杂志和报纸都很感兴趣。特别是,由于任一产品的盗版造成的损失将给这些公司的利益带来整体上的削弱。更广泛地说,对版权法的尊重再一次遭受到挫伤。最后,一些出版企业开发并销售电子产品,这些电子产品更容易遭受电子复制的危险,从而带来直接的损失。在这个时候,所有权变得比出版史上的任何时候都重要,知识产权的通用概念,特别是版权这一概念遭受到严重的质疑,并且有被彻底颠覆的危险。

出版商的挑战来自各个方面。从技术上来说,由于复制的便易性,不论是电子复制还是照相复制,如果没有文档和设备所有者的主动参与,任何形式的控制都会变得不可能。至少在工业社会的图书馆,拥有控制复印的良好纪录,尽管自助式复印服务(现在几乎在所有图书馆中随处可见)有效地将控制的负担转嫁到了最终用户的道德良心上。学校、学院和大学也同样意识到不触犯法律的需要,即便仅仅是为了保护其自身免遭起诉。但是,在全世界范围内广泛兴起的商业复印店却并不这么苛求自己。实际上，顾客被要求确认他具有进行复制的权利，但这种情况很少发生。出版商经常认为大规模的非法复制损害了他们的收入，也因此影响了他们投资新书和新期刊的能力。但对于非常专业的出版物而言，这种说法是值得商榷的，如果出于教育目的的大规模复制是被允许超越控制之外的话，那么这种复制就应该是合法的。而且，法律本身也并不是没有漏洞。举个很明显的例子，即使教师对拥有版权的材料进行复制，并在课堂上进行分发（假设其没有获得相应的权限）属于非法行为，那么按照合理使用的规则，没有什么能阻止学生们自己复制这些材料。对复印机颁发许可的或在复印时实施其他的一些控制措施，无论在政治上还是在社会上都是无法被民主社会接受的。这种困境仍然存在，而出版业的巨大投资只能通过用户薄弱的法律意识以及他们不触犯法律的意愿得到保护。非法复制可能在大多数实施者眼中是不侵害他人的行为，即使他们明白这是一种犯罪。

因特网和万维网的出现使得问题更为复杂。所有在互联网上的内容都受到版权法的保护，除非生产者有意将这些内容公开。许多内容确实也是以这种方式传播到公共领域的。这样做有许多原因，其中一个原因是一些提倡使用互联网的人从根本上反对对信息的自由发布进行任何限制，并认为版权不过是另一种形式的审查制度。当然，互联网上的版权内容是受到法律保护的。版权有效地进入国际法范畴已经超过一个世纪，这使得对于版权的理解，至少不如概念上和理论上那么困难。但是，事实上，出于实用性目的的法律，如果没有得到广泛认同的话，很难被执行。大批量复制电子期刊中的文章并用于课堂是违法的。但是，如何保证这一点被依法执行呢？实际情况是很难得到保证。

出版商对于版权法面临的压力的反应是寻找新的方法以便收取版权内容的费用。在某种意义上，技术的发展确实帮助解决了他们本身参与制造的这些问题。电子期刊就是个例子。虽然无法阻止对文档的电子复制，或对其印刷版本的复印，对每一次访问收取费用却是正常的。在一定程度上这提供了一种比收取复印资料许可费更为稳定的收入，因为如果不付费就根本无法使用那些收费的电子期刊。当前反对免费访问互联网内容的趋势更好地支持了这种方法。毫无疑问，将来的技术发展也可能对此有所帮助，可能是通过限制同一用户访问某一电子文档的次数，或是禁止在指定局域网范围之外使用该电子文档。在因特网未来若干年的发展中,出版商将处于这些发展的中心地位。

知识产权保护是全球出版业经济的基石之一。无论信息自由交换的哲学论据是什么,最重要的事实是出版商投资了大量金钱用于购买版权并将其开发成为可使用的产品,同时还创造并维护宣传、发行和销售它们的基础设施。虽然产业的大部分并没有因为公众版权法意识的淡薄而受到威胁,但是由此带来的影响并不仅仅局限于学术期刊和教育内容的范畴。出版业全球化的趋势使得产业的各个部分之间比以往更加互相依赖。跨国出版公司的每个部门都渴望获得盈利,也正是公司整体的利润维持了所有这些部门的运作,因此这是提供基础设施的比较划算的方法。按照产业自身的混沌理论,也许正是每一个非法复制使得出版未来诺贝尔奖得主的第一篇小说变得更加困难。

重塑出版业

在人类进入 21 世纪时,出版业得以回顾二十年来一直持续的根本性变化,并且希望通过变化达到稳定。在过去的五百多年时间内,出版商们出版了许多西方文明中最享有文化声誉的作品。作品的声望来源于其与教育、智力启蒙、宗教信仰和实践、经济和社会成就以及全球范围内的政治成功的关联。印刷的图书成为欧洲统治世界上大部分地区的标志性作品。出版商对于其产品所反映出的光荣感到十分满意。即使当他们由于给作者的报酬太少、向读者收费太多而被作者和读者抨击的时候,我们也必须承认他们所提供的基本的文化服务。因此,新独立的非洲和亚洲国家在 20 世纪六七十年代非常努力地发展本土化的出版业是很正常的事情。这被视为国家概念的一部分,同时也是一个国家真正独立的一部分。

这一切现在大都得到了改变。首先,印刷文字不再代表了文化的最高点。其他用于家庭娱乐以及用于支持教学的媒体的发展已经取代了它的地位。出版业也必须对此作出反应,但有时显得动作迟缓而且极不情愿。图 7.1 中提出的模型试图解释出版业为什么和两种主要的经济活动有关，而这两种经济活动在整个工业型世界都得到了增长。

经过很多年，人们才逐渐认识到知识也是一种产品，而且知识的传播是一种基本的经济活动。在 20 世纪末，这已经成为一个常识。而出版商的问题是确定他们在知识经济中的位置。他们在过去所使用的传播媒体——印刷型图书和期刊——以及他们开发的与此相关的发行和销售系统也遭受到挑战，并被部分取代。印刷业在很多知识传播领域已经不再能够提供最高质量的产品了。当广播新闻开始取代传统的报道事实的报纸的时候，这一点就变得很明显了。然而，这一趋势的主要推动力还是来自于因特网上大量可以访问的最新信息，以及电子产品的灵活性。即使对于主要的、具有长期重要性的参考工具书著作，使用电子产品也可以实现经常性的内容更新。参考工具书出版曾经是很多出版社的支柱之一，目前已经开始进入一个电子化环境；在这个环境中它还将继续发展，却是以另一种完全不同的面貌出现。

向电子化期刊迈进是变化的另一种表现形式。尽管有些学者对此还有所保留，并且许多经济和法律问题还有待全面解决，但许多在各个领域开展最新学术研究的学者已经对电子期刊非常熟悉了。它为解决传统期刊过高的订购费用问题提供了一个合理的解决方案，同时为科学家和其他学者提供了他们所需研究结果的获得手段。

电子产品，无论是在线产品还是使用单独载体如 CD，使得出版商与其供应商、经纪人以及顾客之间形成了一种不同的关系。我们在阐述出版商与作者以及出版商与图书馆之间的关系时对此已经略加探讨。但是，我们还需要一个更为广泛的背景加以讨论。出版商在传统上是知识传播过程的核心。出版商雇佣、委托作者或期刊编辑，充当出版内容的质量和可接受性的最终决定者；同时组织生产、宣传、销售和发行，最重要的是为整个过程提供了资金。在许多有关出版的经典描述中，出版商被形容为控制者和投资者（从字面上理解），他们主宰了整个运作过程，并且很明显地处于整个运作过程的核心（图 7.2）。即使我们在对整个过程的细节进行分析时（如第四章中的讨论），出版商仍然占据这一重要角色。

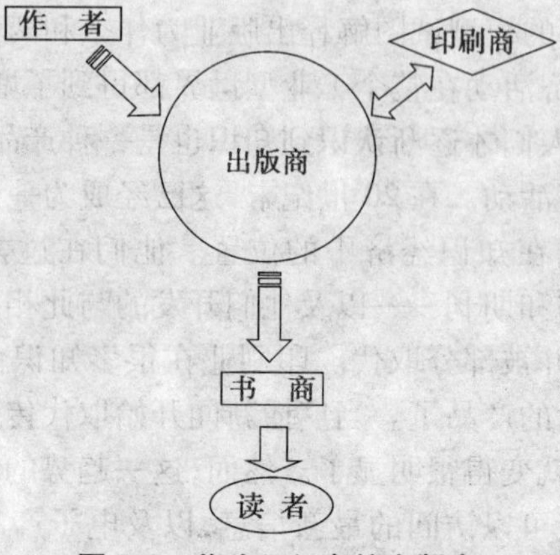

图7.2　作为组织者的出版商

可以肯定地说,在电子出版中,这一模型发生了根本的变化,出版商现在必须和其他参与者进行权力分享。即使在出版商出售实体形式的产品给顾客的时候,这一点在一定程度上也是正确的,CD-ROM是一个相对简单的例子。有些CD可以像图书一样出售给独立的个人。但是,实际上大部分CD包含的内容,尤其是一些参考工具书的内容,在传统上主要是面向图书馆,而不是面向独立的个人购买者。当然,许多CD包含的内容要远远超过印刷品,如多媒体功能以及用户与内容之间一定的交互性功能。当出版商将产品销售给图书馆时,他们实际上对产品的使用强行附加了一定条件。最常见的就是,如果图书馆希望不止一个工作站能访问CD上的内容,那么他们必须购买相关的授权许可。还可能存在其他附加条件,其中有些是由出版商承担的。例如,出版商可能同意每隔一定时间就提供免费或优惠价格的内容更新服务。一次性的电子参考工具书的购买在不知不觉中形成了一系列的订购过程。无论细节如何变化,图书馆员已经不再是交易中的被动参与者了。

当我们考虑知识生产过程和新知识的发行过程时,出版商角色的部分转移显得更为明显。新知识通常是由大学或研究机构的雇员创造的。这些雇员的工作(或他们工作的一部分)就是开展研究并向社会公开研究的结果。在传统模型中,这些新知识会被送交给出版商进行发行或销售。当输出产品是期刊的文章或单独的专著时,这个运作规则是合适的。在本书中,我们多次遇到这个模型不再适用的情况,并且分析了其中的原因。研究界已经开始对出版过程进行控制，或者建立电子预印档案库，或者采用在互联网站上的半公开交流，或者使用正式的同行评议机制的电子期刊。大学本身则通过其图书馆成为知识发行过程和知识生产过程的参与者。由于大学也属于新知识的主要用户，因此他们开始质疑出版商的角色，尤其是在知识创造者、知识发行者和知识消费者之间存在的经济关系。原本通过一系列商业交易形成的相对简单的传播链开始变得更像将新知识传播至公共领域的合作关系。

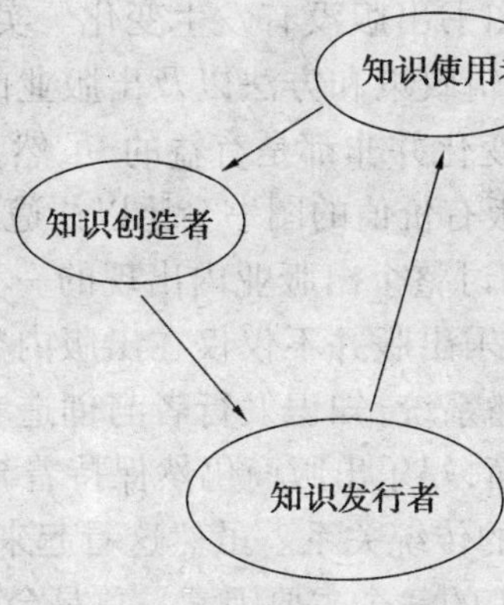

图 7.3　出版：交互性模型

在图 7.3 的简化模型中，我们不再使用传统的"作者"、"出版商"和"读者"这些术语。这并不只是文字游戏。这是为了更精确地说明这样一个事实：参与者在新知识的电子传播过程中的角色完全不同了。当然，出版商仍然是知识发行者；实际上这也是那些生产电子期刊的出版社担当的角色。然而，他们之间的关系完全不一样了。这一模型认为，新知识的创造者及其主要用户具有紧密的联系，甚至不需要知识发行者的介入。这个模型同时适用于正式或非正式的知识传输过程。它体现了出版商的传统角色在知识生产界或研究界所面临的挑战的程度。当然，这里面也包含了商业的因素。研究人员通常很容易访问因特网，同时，其所在机构的图书馆都努力保持着期刊的订阅费用。但是，这其中包含更重要的知识因素。知识生产过程本身变得更加具有交互性，不再局限于具有通信成本高、延迟性和单向性等缺点的印刷出版物的范畴。出版商现在只是通信过程中的参与者之一，而且是相对不重要甚至可有可无的，而不再是这一过程的管理者。

这些变化将对某些出版领域带来概念上和商业上的根本影响。其他领域相对来说则尚未触及到。在图7.1的第二个主要领域即娱乐产业中,这种变化同样深远但却有所不同。大众类图书和期刊的出版商在保持其娱乐市场的份额方面相对较为成功。尽管电子媒体和其他家庭娱乐方式得到了很大增长,但图书阅读作为一种休闲活动也在增长。面向娱乐市场的图书生产比以往任何时候都要多,即使是精装本小说的销量也在上升。这并不意味着图书出版没有发生变化。实际上,近几年商业上的成功,部分要归功于编辑政策和方法以及出版业的商业结构所发生的变化。有些人认为这些变化并非都是有益的,虽然,正如我们所看到的,并没有证据表明目前出版有价值的图书会比以往遭遇到更大的障碍。

可以说,我们正在探讨整个出版业内出现的一种新的事实上的分隔状态,其中知识出版和娱乐出版并不仅仅在出版内容方面有所变化。通过使用共同的技术和传播系统,知识发行者与创造者和用户之间的联系也更加紧密了。另一方面,娱乐出版商仍然保持着与供应者(作者)和消费者(书商和读者)之间的传统关系。虽然这看起来有点过于简化,但它揭示了存在于这种区别中的一个主要因素。总是会有出版各种各样图书的专门出版社,有些因出版小说有些因出版参考工具书而出名,其他一些则专注于中间市场的大众类图书,等等。虽然处于大集团的控制之下,许多这样的专门出版商仍然存在着;但是,现在正出现一种更具根本意义的区别:即生产面向市场销售的已完成完整著作的出版商,与根据定义这一过程永不会完成的连续知识生产和增强过程的出版商之间的区别。这种区别和电子出版与印刷出版之间的区别并不完全重叠,但在我们看来,两者是相当接近的。

没有迹象表明图书出版正在走下坡路,实际情况也许正好相反。另外,传统印刷文字的一些领域正被其他媒体和传播系统所取代。也许通过考虑目标适合性这一主要问题,我们可以更好地缓解这个矛盾。正是由于满足了最终用户的需要,电子期刊、电子参考工具书和在线提供的大量信息资源得到了成功的发展。它们并不是市场上传统的已标价产品的辅助替代品,实际上能提供比印刷本图书更多的服务和功能。它们之所以取得成功是因为它们更出色。但是,图书和杂志仍然占据它们本身适合的领域:娱乐、教育和专业市场。

这仍有可能发生变化。在未来几年之内,可能出现真正的具有高质量图像的便携式电子图书,提供给不管是商业目的还是娱乐目的的日常阅读。然而,我们不应该仅仅痴迷于单纯的技术,而混淆了工具和任务两者的区别。无论闲暇阅读的内容以何种实体形式出现,也不管它们如何到达我们手中,隐藏在其背后的是我们在以上章节中讨论过的生产和商业过程。只要仍然有读者能够购买这一过程所生产的图书,作者、编辑和出版公司将仍然继续活跃在出版领域。

译 后 记

古人做诗常有“吟安一个字,捻断数茎须”的佳话。这种反复“推敲”的做法,在翻译上也是常事。鉴于翻译耗时太多,2004 年译完《图书出版面面观》和《图书宣传》(此二书均由河北教育出版社于 2005 年出版)后,我曾告诫自己今后不要再去做翻译这种吃力不讨好的事情。然而,2005 年 10 月,当苏州大学出版社的李寿春老师打来电话,希望我翻译约翰·费瑟的《传递知识》时,我陷入了犹豫之中。费瑟是英国拉夫堡大学图书情报系的教授,属于世界知名的学者。我看过他的《英国出版史》(*A history of British publishing*)、《出版、盗版及政治:英国版权的历史研究》(*Publishing, piracy and politics: an historical study of copyright in British*)等著述,9 月份在牛津布鲁克斯大学召开的第三届世界图书学大会上刚刚聆听了他的讲演,并与他有过交谈。翻译他的书,无疑是自己再一次系统研读他著作的机会。李寿春老师见我犹豫不决,说该书篇幅不大,且有一年的时间,这才使我痛下决心,决定再翻译一次。

《传递知识——21 世纪的出版业》这本书确实字数不多,但其内容却非常丰富。在短短的十几万字里,约翰·费瑟先生将出版活动置于信息社会的大背景下,对出版的过去、现在和未来做了全面的描述。全书既有宏观上的介绍,也有微观上的分析。初入出版之门者,从中可以知道出版究竟是什么,获得对出版业的初步了解;而从业人士则可从中了解到出版业形成以来已经发生的变化,并对出版业的未来发展有更清晰的了解。

出版,作为人类知识传播体系中的重要组成部分,在人类生活中一直处于重要的地位。《传递知识——21 世纪的出版业》首先从宏观上对出版的历史和现状作了扼要的介绍和分析。该书的第一章《出版的过去和现在》,从出版的历史介绍起,就出版的词源、出版产生的背景、出版如何成为一种单独的活动、语言在出版中的重要性以及出版的国际化趋势等做了介绍。作者在全书的一开篇,就向读者发问:“什么是出版?”确实,作为人类传播行为的一种方式,出版这个词虽然耳熟能详,但要真说清楚什么是出版却不是一件容易的事情。约翰·费瑟引用《简明牛津辞典》对出版的解释,认为出版是“(作者、编辑或出版者)通过销售方式向公众发行(图书、版画等)复制品”。在此基础上,他特别强调出版的商业性,认为出版“本质上是作为一种商业交换行为而被定义的”。正是出版的商业性,才使出版成为一种全球性的产业。在此基础上,作者简要介绍了出版的形成历史,并侧重探讨了古登堡的机械活字印刷技术发明后给出版业带来的影响,尤其是狭义上的出版与印刷和销售相分离的过程。语言作为出版的符号工具,在出版中具有重要的意义。作者就全世界出版所使用的语言进行了分析,着重分析了英语、西班牙语、法语等语言在出版中的应用情况,并就出版的国际化过程做了介绍。在第一章的基础上,作者在第二章《全球经济下的出版》中,探讨了全球出版业的现状。在用一连串数据对全球出版业进行描述的基础上,作者先是从宏观上介绍了英美这两个世界重要出版国家的出版业情况,接着介绍了世界上一些著名出版集团的形成与发展过程,同时对出版集团与独立出版社之间的关系进行了分析。在这一章的最后,对形成全球出版业的基础——出版法律做了详细的介绍。作者特别指出,正是版权法和国际间的版权协定,才使出版能成为全球性的产业,所出版的知识能为全人类所共享。

在宏观介绍出版历史和世界出版业情况的基础上,约翰·费瑟又从微观上描述了从作者创作到书商销售的整个出版过程,对作者与编辑间的创造性关系以及合同与权利间的商业关系、图书销售和发行方式等问题进行了探讨,涉及出版形式、出版过程、图书销售等多方面的内容。在第三章的《出版形式》中,作者探讨了出版的多样性问题。图书、期刊、报纸具有不同的特点,同一种类中的不同出版物也具有不同的特点。如图书中的大众图书、学术图书、教科书、专业图书、参考工具书等均具有各自不同的特性。书中对不同种类中的不同类型出版物的特点进行了详细的分析。在此基础上,对出版内容的来源,也就是作者在出版过程中所起的作用进行了介绍,最后又对出版内容的形式进行了分析。在第四章的《出版过程》中,作者从传播学的角度对出版过程进行了分析,探讨了作者在出版过程中的重要性、作者与出版商的关系、作者与编辑的关系,在此基础上，强调了作者和出版商之间的商业关系必须通过合同进行约定。最后探讨了出版物的制作和发行过程。出版过程中形成的出版物必须销售出去才能产生效益。因此，作者在接下来的第五章《图书销售》中，探讨了连锁书店与独立书店、图书俱乐部等不同销售方式的特点，并探讨了英国图书净价协议废除后出现的新问题。同时就图书批发中的问题、电子商务对书业的影响等问题进行了探讨，对面向图书馆等机构销售图书中存在的问题也进行了探讨。这三章的内容，既帮助读者了解了整个出版的运作过程，也使读者对出版过程中出现的一些新情况有了了解。

《传递知识——21世纪的出版业》非常重视现代信息技术对出版业的影响。作者除在各章中零星谈论这一内容外，还特别用两章的内容谈论了这一话题，就信息技术对出版业的影响做了深刻的分析，在此基础上对出版业的未来做了展望。在该书的第六章《信息技术与出版》中，作者全面探讨了信息技术与出版的关系。作者在探讨信息和传播技术对印刷出版带来影响的基础上，着重探讨了电子出版的发展情况，电子出版对参考工具书出版、期刊出版等的影响，并分析了信息和传播技术带给作者和读者的影响。这种影响既有负面的，也有正面的。例如，“图书的编辑工作可能不再那么仔细”，但其“优点更为重要”。“这可能也进一步增强了经纪人的影响力，因为他们和作者一起分享了信息和传播技术所带来的更多责任和机会”。“同时还为作者提供了传播其作品的全新机会”。这些分析，可谓中肯之极。在最后一章《网络环境中的出版》中，作者全面探讨了媒体融合给出版业带来的影响，对由于网络的发展而带来的盗版问题表达了深深的担忧：“也许正是每一个非法复制使得出版未来诺贝尔奖得主的第一篇小说变得更加困难。”虽然出版业面临来自新媒体、盗版等的挑战，作者对出版业的未来依然乐观。作者认为：“没有迹象表明图书出版正在走下坡路，实际情况也许正好相反”。“传统印刷文字的一些领域正被其他媒体和传播系统所取代”，但“电子期刊、电子参考工具书和在线提供的大量信息资源得到了成功的发展。它们并不是市场上传统的已标价产品的辅助替代品，实际上能提供比印刷本图书更多的服务和功能”。“在未来几年之内，可能出现真正的具有高质量图像的便携式电子图书，提供给不管是商业目的还是娱乐目的的日常阅读”。“无论闲暇阅读的内容以何种实体形式出现，也不管它们如何到达我们手中，隐藏在其背后的是我们在以上章节中讨论过的生产和商业过程。只要仍然有读者能够购买他们所生产的图书，作者、编辑和出版公司将仍然继续活跃在出版领域”。约翰·费瑟相信，出版，过去是人类知识传播的核心活动之一，在信息社会仍将继续处于关键地位。目前，我国出版界一些人士在信息技术对出版业的影响这一问题上，认识不深、准备不足。在与一些出版界人士聊天时，他们感觉出版业颇有日薄西山之感，将成“夕阳产业”。或许，约翰·费瑟的这本书能帮助他们认识出版业的未来，有助于他们“士气”的提升。

我曾经在《图书出版面面观》的译后记中说：“翻译的作品一旦出版，也就成为公众的‘靶子’，会受到各方面的‘关注’。近年来，我看到不少译作出版后遭到了批评。虽然批评也有助于学术的发展，但毕竟是一件令人灰心的事情。在目前国人外语水平不高、不容易见到原版书的前提下，却又只有通过翻译这一方式，才能了解国外的研究情况。”翻译过程中，种种名词术语要去一一考订，惟恐自己的疏忽而误人子弟，时时产生如履薄冰之感。这是认真从事翻译的人共有的感受。但正是出于对文化交流与传播的责任，才使大家愿意从事翻译这一工作。这也是我愿意再次从事翻译的又一原因。在穆晖翻译的第二、三章草稿，张瑶翻译的第四至第七章草稿的基础上，我对她们的译文进行了全面的修订。因此，本书是我与张瑶、穆晖共同合作的结果。我的美国好友方曦闽先生再次校译了全书。对曦闽先生屡次的无私帮助，在此再次表示感谢。本书的翻译稿我已经校改多次，如果翻译中还存在问题，我还是诚恳地欢迎读者的批评指正。我的电子信箱是：njuzzq@hotmail.com。

张志强

2007年5月20日